퇴근 말고 퇴사가 하고 싶다

직장인 일과 삶의 균형 잡기

퇴근 말고 퇴사가 하고 싶다

윤정은 지음

비전코리아

c.o.n.t.e.n.t.s

단 한 번도 상처받지 않은 것처럼
출근해야 하는 당신에게

"띠리리링~."

요란하게 울리는 알람 소리에 눈을 뜬다. "후유" 하고 한숨이 나온다. 억지로 눈을 뜨면서 울리는 알람을 꺼 버린다. 베개에 얼굴을 파묻는다. 하지만 어김없이 다시 알람이 울린다. 짜증이 솟구쳐 올라 몸을 뒤척인다. 여러 번 알람을 끄고서야 간신히 일어나 비몽사몽 상태에서 중얼거린다.

"믿을 수 없어. 이제 겨우 화요일이라니……. 몸 상태는 금요일 같은데……. 아, 출근하기 진짜 싫다!"

속이 울렁거리면서 머리가 지근지근 아파 온다. 배 속이 더

부룩하고 무기력한 느낌에 온몸이 저려 오는 것 같다. 밤에는 잠도 오지 않는다. 아무래도 큰 병이 난 것 같아 병원에서 정밀검사를 받아 본다.

"스트레스 때문입니다. 가급적 안정을 취하시고 하루에 한 시간 정도는 꾸준히 운동하시고 균형 잡힌 식사를 하세요. 인스턴트 음식은 될 수 있는 대로 드시지 마시고, 술 담배도 하지 마시고요. 일주일치 약을 처방해 드리겠습니다."

틀에 박힌 의사의 소견을 들으면서 속으로 투덜댄다.

'의사 양반, 그건 나도 바라는 바야. 하지만 오늘 저녁에 또 팀 회식이 있는데 의사 양반이 쉬라고 처방했다고 말하고 안 갈 수도 없는 노릇이잖아. 할 일도 산더미처럼 많아서 회식 후에 다시 회사 들어가서 일해야 할 판인데. 아, 그놈의 스트레스가 뭔지! 커피 한 잔 테이크아웃하고 담배나 한 대 피우러 가야겠다.'

하루하루 피곤한 날들이 계속된다. 밥벌이라는 것은 원래 이렇게 지루하고 비참한 것일까? 언제쯤이면 오늘처럼 쳇바퀴 도는 듯한 피곤한 일상에서 벗어날 수 있을까?

대다수의 직장인들은 매일같이 이런 생각 속에서 하루하루 버티고 있을 것이다. 푸석해진 피부, 생겼다 없어지기를 반복하는 다크서클, 늘어나는 뱃살을 훈장 삼아 살아가는 직장인들. 이처럼 직장 생활의 고달픔은 고스란히 몸에 흔적을 남겨 놓는다.

우리의 마음은 또 어떤가. 상사 혹은 선배가 시시때때로 쏟아 내는 험한 말들은 하루라도 안 들으면 되레 이상한 기분이 들 정도다. 슬쩍 상사의 눈빛만 봐도 곧 그의 입에서 무슨 말이 나올지 척척 알아맞힐 정도가 되었더라도 질책과 짜증에는 도무지 내성이 생기질 않는다. 그래서인지 들을 때마다 마음에는 생채기가 생기곤 한다.

그러다 불쑥 '회사에서는 내 일만 제대로 하면 되는 거 아닌가?'라는 생각이 들기도 한다. 하지만 회사를 다니면서 자신의 업무 하나에만 스트레스를 받는다면 얼마나 좋을까? 직책에 따른 책임과 의무만으로도 버거운데 사내 정치가 판치는 인간관계 속에서 눈치 보기와 줄 서기, 갑으로 모셔야 하는 거래처까지…….

그뿐인가? 월급이 입금되기 무섭게 통장에서 빠져나가는 대출금과 카드 값, 부모님 용돈, 생활비, 치솟는 집값, 커 가는 자녀들의 양육비 등 돈 쓸 곳은 한두 군데가 아니다. 늘어야 할 통장 잔고는 늘어날 기색도 없고 꼬박꼬박 나이만 늘어 간다. 무엇 하나 제대로 갖추어진 것 없는 현재에 언제나 불안한 미래까지 걱정거리는 정말 끝이 없다.

만원 버스나 지하철에 시달리며 회사에 도착한다. 그리고 자리에 앉자마자 밀어닥치는 골치 아픈 일들을 정신없이 해치우다가 시계를 보면 벌써 퇴근 시간이다. 야근까지 감행해서 겨우 일을 마치고 집으로 향하지만 그렇다고 해서 걱정이 사라지는 것은 아니다. 다음 날이 되면 또다시 피곤한 일상이 반복된다.

'내가 꿈꾸던 인생이 과연 이게 맞을까?' 하고 골똘히 생각에 잠겨 보기도 한다. '지금 하고 있는 일은 과연 비전이 있는 일일까?' 하고 자문해 보기도 한다. 어른이 되면 '어떻게 살아야 하는가'에 대한 고민 따윈 없을 줄 알았는데, 명쾌한 해답까진 없더라도 최소한 방향이라도 정해질 줄 알았는데……. 얄밉게도 우리의 편안함을 인생이 시기하듯 나이를 먹을수록 더 고달프고 더 고민스러워진다. 여전히 꼬리에 꼬리를 물고 갖가지 고민은 계속된다.

직장인들은 또 한 번의 사춘기를 겪고 있다. 수많은 직장인들이 현실을 지긋지긋하게 여기면서도 어쩔 수 없다고 체념한 채 일상에 안주하는 경우를 종종 목격한다. 자기계발서에 흔히 나오는 말이 있다. '아침에 눈 뜨는 것이 즐거워야 한다.' 하지만 실제로 매일 아침 즐거운 마음으로 눈 뜨는 사람이 과연 얼마나 될까? 남들은 일도 재미있게 하고 매일 아침 즐겁게 눈 뜨고 보람차게 인생을 사는 것 같고, 현재에 만족하지 못하는 자기 자신만 문제가 있는 것 같은 기분이 들 때도 많을 것이다. '다들 그렇게 사는데……' 하며 애써 괜찮은 척하고 살아가는 이들도 많을 것이다. 매일 아침 눈 뜨는 게 항상 즐거울 순 없겠지만, 현재 생활에 조금의 만족감도 없다는 것은 매우 안타깝고 슬픈 일이다.

그럼 어떻게 해야 지금 상황에 만족하면서 행복하게 살아갈 수 있을까? 어떻게 하면 우리가 꿈꾸는 이상적인 삶을 살아갈 수 있을까? 정답 없는 질문에 답을 얻기도 쉽지 않은 일이지만 당장 눈앞에 닥친 현실이 더 막막하게 느껴질 때가 많다. 딱히 갈 데도 없고 할 일도 없는데 지독하게 출근하기 싫을 때, 손에 들려 있는 커피 한 잔으로는 도저히 마음을 달랠 수 없을 때, 치킨에 맥주나 소주에 골뱅이를 앞에 두고 친한 친구와의 수다로도 위로가 되지 않을 때 이 책을 펼쳤으면 좋겠다.

이 책에는 일하기가 지겹고 힘들 때, 출근하기 버겁고 힘들 때 과연 어떻게 해야 하는지에 대한 방법이 담겨 있다. 삼성, LG, 포스코, 신세계, 인제 백병원 등 대기업 인사담당자들과 중소기업 대표들, 취업컨설턴트 등 현업에 종사하는 인사 실무자들과의 인터뷰를 통해 그들이 이런 상황에서 어떻게 현명하게 대처했는지에 대한 생생한 노하우를 담았다. 그리고 직장 생활에서 즐거운 일탈을 일삼았던 나의 경험담도 담겨 있다.

누구나 한번쯤 출근하기 싫을 때가 있었고 모든 걸 포기하고 싶을 때가 있었다. 하지만 그럴 때마다 스스로 커리어를 쌓아나가기 위해 애썼고, 목적을 재설정했다. 이 책으로 당신이 위로받길 바란다. 그리고 당신은 실질적인 자기반성과 더불어 지금 당장 새롭게 삶의 계획을 세울 수 있을 것이다. 응원의 메시지가 담긴 인생 선배들의 따끔하고도 솔직한 조언에는 무작정 사표를 쓰기 전에 반드시 고려해야 할 현실적인 방법들이 담겨 있기 때문이다. 부족한 시간을 쪼개 인터뷰에 답하고 생생한 정보를 제공해 주신 분들에게 진심으로 감사드린다.

과중한 업무와 보기 싫은 직장 상사, 피곤한 인간관계에 지쳐 회사에 가는 게 엄청나게 싫지만 그럼에도 꿋꿋하게 오늘도 현관을 나서는 모든 직장인들을 응원한다.

출근하라! 한번도 상처받지 않은 것처럼.

윤정은

나는 왜 이렇게 회사 가기 싫은 걸까?

01 당신은 지금
왜 일하고 있는가

인생의 '목표'와 목적은 다르다

당신은 지금 무엇을 위해서 일하고 있는가? 어떤 목표와 목적이 지금 당신을 이끌고 있고, 지금 왜 회사에 다니고 있는가?

졸업할 무렵 여기저기 원서를 넣다 보니 결국 자신을 받아준 유일한 곳이기 때문인가? 아니면 꿈을 이루기 위해 힘들게 대학원까지 졸업한 후 들어간 회사이기 때문에? 그것도 아니면 주택담보대출금을 갚아야 하기 때문에? 혹은 입사를 위해 준비한 시간과 노력이 아까워서? 아니면 일 자체가 너무 좋아서? 같이 일하는 사람들이 좋아서? 복지 제도가 좋고, 월급이 만족스러워서? 자녀와 부모를 부양하기 위해? 그것도 아니면, 딱히 갈 데가 없어서?

여기서 다시 질문해 보겠다. 당신이 지금 하고 있는 일을 언제, 어떤 목적으로 시작했는가? 물론 어디서부터, 어떤 이유로 지금 하는 일을 시작했는지 정확히 알 수 없을지도 모른다. 하지만 이제 다시 빛바랜 기억을 더듬어 처음 일을 시작할 때 가졌던 따끈따끈한 열정과 설렘을 들춰내 보자.

과연 오늘 거울에 비친 자신의 얼굴에서 처음 출근하던 그날의 흥분되고 긴장되던, 그리고 희망에 찬 표정을 찾을 수 있는가? 만약 전혀 다른 모습이라면 왜 그런 것 같은가? 그날의 생기 있던 표정은 어째서 사라져 버린 것일까?

시간이 흐르면 달라지는 게 당연한 일인데 왜 무리하게 첫 출근의 희망과 설렘을 강요하느냐고? 잠깐 다음의 이야기를 읽어 보자.

남자 : 해냈다! 드디어 기다렸던 이 날이 왔어! 정말로 기다렸다고!

여자 : 후회하게 될까?

남자 : 아니! 그런 일은 절대로 없어.

여자 : 나를 사랑해?

남자 : 당연하지!

여자 : 배신하거나 미워할 거야?

남자 : 아니! 어째서 그런 생각을 하는 거야?

여자 : 키스해 줘.

남자 : 물론이지! 한 번만으로 끝내지는 않을 거야!

여자 : 나한테 주먹을 휘두를 거야?

남자 : 영원히 그런 일은 없어!

여자 : 당신을 믿어도 돼?

• **결혼 전 ↓방향으로 읽기 / 결혼 후 ↑방향으로 읽기**

위의 글은 인터넷 유머로 떠도는 결혼 전과 결혼 후의 달라진 마음이다. 물론 결혼하고 나서 행복하게 살아가는 커플은 많다. 그렇지만 위의 글에 공감되고 씁쓸한 마음이 드는 건 왜일까? 왜 저렇게 결혼 전과 후의 마음이 다른 걸까?

여기 한 남자와 여자가 있다. 그들은 어느 날 운명처럼 서로 만났다. 아니 그렇다고 믿었다. 남자는 그동안 공부만 하느라 여자 친구를 만들 여유도 시간도 없었다. 게다가 이렇게 예쁜 여자를 만나 본 적도 없었다. 남자의 목표는 '이 여자와의 결혼'이 되었다. 남자는 여자의 마음을 얻어 결혼하기 위해 부지런히 문자를 보내고, 보고 싶다고 말하고 이벤트를 하고 선물을 주는 등 온갖 방법을 다 동원한다. 그리고 단기간에 결혼에 골인한다. 그는 이제 결혼이라는 목표를 이루었다. 그러고 나니 이제 남자는 자신의 일에 집중하고 싶어진다. 여자에 대한 관심이 급격하게 줄어든 것이다.

하지만 여자의 마음은 다르다. 여자는 남자에게 서운하다. 원통하고 당혹스럽기까지 하다. 연애할 때는 더없이 다정다감하던 남자였다. 당연하다는 듯 매번 집 앞까지 바래다주고, 전화 연락도 자주 하며, 자신을 아기처럼 공주처럼 조심스럽게 대하며 행여 다치기라도 할까 봐 노심초사하던 남자였다. 그래서 결혼도 결심했던 것이다. 그러나 결혼 후 남자는 여자가 결혼 전에 알던 사람과는 전혀 달랐다. 집에 들어오면 피곤하다는 이유로 그녀에게 말 한마디 건네지 않았다. 혼자 방에 틀어박혀 컴퓨터 게임을 하거나 텔레비전 시청에 빠져 있기 일쑤였고, 집안일에는 손 하나 까딱하지 않았다. 그뿐만이 아니다. 결혼 전에는 작은 언쟁이라도 일어날라치면 본인이 잘못했다며 무조건 져 주던 남자가 이제는 작은 일에도 양보는커녕 화를 내곤 한다. 남자와 함께 즐겁고 행복한 가정을 꾸리고 싶었던 여자는 집에만 오면 입을 꾹 닫아 버리는 남자가 이해되지 않는다.

남자는 여자와 결혼만 하면 행복할 것이라고 생각했다. 그리고 결혼을 했다면 남편인 자신의 피곤한 몸과 마음을 이해해 주어야 할 텐데 왜 여자가 자신을 들들 볶는지 이해가 되지 않는다. 여자는 지쳐 간다. 그리고 남자도 지쳐 간다. 이때부터 전쟁은 시작된다. 서로 마음에 금이 가기 시작해서 결국 둘의 관계는 파국으로 치닫는다.

이렇게 남자와 여자가 파국을 맞게 된 궁극적인 이유는 무엇일까? 바로 결혼에 대한 '목표'와 '목적'이 다르기 때문이다.

남자 : 이 여자랑 결혼해야지(결혼이 목표인 경우).
여자 : 이 남자와 결혼해서 행복한 가정을 이루어야지(결혼이 삶의 목적인 경우).

결혼이라는 하나의 이슈에 대해 두 사람의 목표와 목적 설정이 어긋났기 때문에 문제가 생긴 것이다.

목표란 직업, 학업 등 가시적인 성과를 내기 위한 것을 말한다. 반면에 목적은 성과를 내는 일련의 활동들보다는 상위에 위치한, 삶과 관련된 보다 근본적인 이유이다.

취업도 마찬가지다. '취업만 하면 행복해질 거야'라고 생각하는 목표성 취업과 '직장에 들어가 일을 통해 자아 성취를 하고 월급을 받아 가족들과 맛있는 것도 먹고 즐겁게 사는 게 내 인생의 행복이니 취업해야지'라고 생각하는 목적성 취업은 전혀 다르다.

목적이 이끄는 삶을 살아라

목적성 취업을 하는 이들은 직장에서 힘든 일이 있어도 대체로 잘 버텨낸다. 반면 목표성 취업을 하는 이들은 입사라는 목표를 이루고 나면 무기력하게 회사 생활을 하다가 퇴사하고 이직하기를 반복한다. 이해를 돕기 위해 좀 더 자세한 예를 들어 보겠다.

P씨의 오랜 꿈은 대기업에 입사하는 것이었다. 아니, 그렇다고 생각했다. 지방에서 농사를 짓고 계신 부모님과 누나들은 그를 집안의 희망으로 여겼다. 가난한 살림살이였지만 어떻게든 그를 공부시키고자 도시에 있는 학교에 진학시켰다. 가족들은 입버릇처럼 그에게 "네가 대기업에 들어가면 얼마나 좋겠니?"라고 말했다. 그렇게 P씨는 자연스럽게 대기업에 들어가는 것을 자신의 꿈이라 여겼다. 그는 정말 열심히 공부했고 좋은 학점을 받아 대학을 졸업해 마침내 대기업 입사에 성공했다. 가족들의 희망이 이루어진 것이다.

그런데 이상하게도 가족들이 자랑스러워하는 만큼 자신은 행복하지 않았다. 그는 '이건 배부른 투정이야'라고 생각했다. 그때부터 그의 고민과 방황이 시작되었다. '남들은 가고 싶어도 못 들어가는 회사에 다니면서 무슨 배부른 투정이지'라고 고개를 저으며 '덜 바빠서 드는 잡생각이야'라고 마음을 다잡곤 했다. 그러고는 무기력하다고 느껴질 때마다 더 열심히 일했다.

하지만 P씨는 그런 행동이 결과적으로는 자신을 더 지치게 한다는 사실을 미처 알지 못했던 것이다. 그의 문제는 바로 일에

나는 왜 이렇게 회사 가기 싫은 걸까?

대한 목표와 목적이 일치하지 않아서 일어난 것이다.

목표 : 국내 굴지의 일류 기업에 들어가자.
목적 : 1. 나만의 전문성을 쌓아 이 분야의 전문가가 되자.
2. 내가 가진 전문성으로 사회를 풍요롭게 만들자.
3. 열심히 일하고 받은 월급으로 가족들과 맛있는 음식을 먹으며 즐겁게 살자.
4. 차근차근 성장하고 매일 행복해하는 사람이 되자.
5. 재미있게 일하자.

P씨는 자신에게 거는 가족들의 기대가 너무 큰 나머지, 자신이 정말 행복하게 할 수 있는 일이 무엇인지 진지하게 고민해 볼 여유가 전혀 없었다. 인생의 목적과 목표를 구분 짓지 않고 그저 앞만 보며 내달렸던 것이다. 따라서 자신의 꿈이라고 생각했던 목표를 이루고 나자 직장인 사춘기가 찾아왔다. 그러니 다니는 회사에 대한 애정과 열정은커녕, 일도 재미없다고 느낄 수밖에 없다.

이렇게 되면 매일 아침 '출근하기 싫어 병'에 허덕이면서도 가족들과 세상의 시선 때문에 이러지도 저러지도 못하며 일상을 보내게 된다. 단지 P씨만의 병이 아니다. 내가 강연을 통해 만난 많은 사람도 공통된 고민을 하고 있었다.

"인생의 목표요? 과거에는 있었지요. 하지만 이제 포기했어요. 실현 불가능해요. 지금은 하고 싶은 게 무엇인지도 모르겠어요. 꿈꾸는 방법조차 잊었어요."

안타까울 따름이다. 목표를 세운다는 것은 큰 그림을 그리는 일이다. 다시 말해 목표 세우기는 목적과 관련되어야 한다. 물론 돈을 모아서 집을 사고 차를 사는 것 등도 목표가 될 수 있다. 하지만 이를 인생 제일의 목적으로 삼고 살아간다면 돈을 모으고 집을 사고 차를 산 다음에는 무엇을 할 것인가? 만약 이 목표들을 이루지 못했다면 쓸모없는 인간이라 비관하고 좌절할 것인가? 물질적인 목표를 이루는 것은 인생의 목적이 될 수 없다.

먼저 행복하게 일하기 위해서는 일에 대한 목적과 목표를 구분 지을 필요가 있다. 일에는 목적이 동반된 목표가 있어야 한다. '재미있게 일하면서 그 분야의 전문가가 되어야겠다'는 목적을 가지고 '대기업에 입사하겠다'는 목표를 갖는 것이 바람직하다. 만약 이런 식으로 목표를 야무지게 잘 세운다면 상사로부터 받는 스트레스나 수당 없는 야근, 해도 해도 끝이 보이지 않는 단순 업무의 반복 같은 것들은 상대적으로 참을 만하게 느껴질 것이다. 어차피 이런 일들은 자신의 목적을 이루기 위한 일련의 과정일 뿐이라고 받아들일 수 있기 때문이다.

목표와 목적이 일치하는 일을 하는 것이 가장 바람직하다.

하지만 현실은 그와 반대인 경우가 대부분이다. 목표와 목적이 일치하는 일을 한들, 자신이 원하는 지위와 실력을 얻기까지 걸리는 긴 시간을 참아내지 못하거나 아예 노력조차 하지 않는 경우도 종종 있다. 당장 사표를 내고 싶을 정도로 출근하기 싫은 날, 당신이 제일 먼저 해야 할 일은 무엇일까? 바로 자신에게 다음과 같은 질문을 던져 보는 것이다.

- 나는 지금 남들에게 자랑할 만한 일을 찾거나, 현실과 동떨어진 환상 속의 일자리를 바라는 건 아닐까?
- 이 일을 통해 돈을 벌 수 있을까?
- 월급이 많으면 출근하기 싫어하지 않고 행복할 수 있을까?
- 지금 하고 있는 일에 대한 나의 목표와 목적은 무엇일까?

 긍정적으로 사는 게
최선이라는 생각의 함정

긍정이 지나쳐 자기 강박적 우울감에 빠지다

미술관 큐레이터 Y씨는 몇 개월간 직장인 우울증에 시달리고 있다. 대학에서 미술 관련 전공을 했고, 그림을 좋아하고 전시 기획 업무가 적성에 맞아 졸업 후 작은 갤러리에 취직했다. 얼마 후, 업계 구조상 정규직 채용보다는 계약직 채용이 빈번한 현실에서 운 좋게 꽤 규모가 큰 미술관으로 이직할 기회를 얻었다. 나름대로 성공적인 이직이라고 생각했다.

하지만 이직한 미술관에서 근무하는 선배 큐레이터들의 생활을 지켜보고, 그들에게 코칭을 받을수록 Y씨는 점점 두려워진다. '내가 갈 길이 이 길은 아닌 것 같다'는 고민에 빠진다. 사실 그녀의 바람은 거창하지 않았다. 미술관의 규모가 크지는 않더라도 제대로 된 전시만 할 수 있다면 만족할 수 있었다. 그런 미술관에서 일하면서 결혼이나 자녀 양육 같은 평범한 개인적인 생활도 할 수 있다면 더 바랄 것이 없다고 생각했다.

그렇지만 현재 근무하는 미술관에서 사생활을 모두 포기하고 오직 일에만 매달리는 선배들을 보자, 자신은 이런 라이프스타일에는 맞지 않는다는 생각이 들었다. 게다가 선배들이 '이만큼 하면 너도 이렇게 될 수 있어'라며 말하는 이상향도 썩 내키질 않았다.

계약 만료 시점이 다가올수록 불안했다. 석사 학위가 있어도 비정규직에 월 100만 원밖에 받지 못하는 암울한 현실과 30대라는 나이에서 받는 중압감 때문이었다. '차라리 평범한 회사에 입사해 안정적으로 돈을 버는 게 바람직한 인생이 아닐까?'라는 생각을 하다가도, '아니야. 그래도 여기에 투자한 시간과 돈이 얼만데…… 버텨야 해'라는 생각이 번갈아 떠올라 아무 결정도 할 수 없다. 결국 이런 감정은 '다른 사람들은 다 멀쩡히 잘만 사는데 왜 나만 이렇게 힘들게 살아야 하는 거지?'라는 분노로 바뀐다. 하지만 그 이후 결정된 것은 아무것도 없었다. 여전히 어떻게 해야 할지 갈팡질팡할 뿐이다.

Y씨가 겪는 증상은 지금과 같은 '피로사회'에서 빈번히 일어나는 긍정성 과잉에 따른 자기 강박에서 오는 우울증에 가깝다. 다른 사람들에 비해 뒤처진다는 압박감, 같이 회사 생활하는 선배에 대한 비교의식에서 오는 부작용으로 기존에 가지고 있던 목표까지 희미해진 것이다. 결국 '노력하면 무엇이든 할 수 있어'라는 과잉 긍정은 '나는 해봤자 이것밖에 안 돼'라는 좌절감으로 이어져 오히려 아무것도 하고 싶지 않게 만들어 버린다.

베를린 예술대학교 한병철 교수는 〈피로사회〉라는 자신의 논문에서 "시대마다 그 시대를 대표하는 고유한 질병이 있다"고 말하며 규율 사회에서 성과 사회로 바뀌면서 생겨난 소진증후군, 우울증, 주의력결핍장애 등과 같은 정신질환에 대해 설명한다. 성과 사회의 주체인 우리는 자신을 착취하고 있으며 가해자인 동시에 피해자라고 주장한다. 자기 착취는 신자유주의적 자본주의의 기본적 원리로서, 사람들은 자기 자신이 완전히 망가질 때까지 자발적으로 자신을 착취한다는 것이다.

게다가 이 현상은 타인의 압박에 의한 것이 아니라 자유의지에 의한 것이기 때문에 사람들은 피로감이나 자기 소진을 당연하게 여기게 된다. 한마디로 말해 현대인은 무엇이든 열심히 자신의 에너지를 지칠 때까지 소진하는 것이 성공이라고 인식하게 되었고, 이것은 과잉 긍정의 폐해라고 할 수 있다.

그에 따르면 과거 규율 사회에서는 '~해서는 안 된다'는 지배적 조동사를 사용했다면, 지금의 성과 사회에서는 '성과의 패러다임' 내지는 '할 수 있음'이라는 긍정의 표현이 훨씬 많이 사용된다. 이는 사회적 무의식 속에 깔린 생각을 최대화하고 싶은 열망이 숨어 있기 때문이다.

그는 "성과 주체는 복종적 주체보다 당연히 더 빠르고 생산적이므로 '오직 자기 자신이 되어야 한다'는 성과적 명령이 우울증을 유발한다"라고 말한다.

성과를 향한 압박 때문에 우울증후군을 앓는 배경에는 매스미디어도 큰 역할을 한다. 우리는 언제, 어디서든 손쉽게 정보를 취할 수 있고, 사람들은 기쁘거나 슬플 때 자신의 감정을 표출하는 것에 익숙하다. 다른 사람이 발산한 기쁨의 감정, 즉 자랑하고 싶은 좋은 순간들을 페이스북이나 트위터 등을 통해서 가까이에서 접한다. 매스미디어에서는 화려한 성공 사례를 보여 주고, SNS에는 개인의 성공 사례가 넘쳐난다. 모든 상황에는 빛과 그림자가 있듯이 이 또한 '개인을 자극한다'는 장점도 있지만 점점 자기 자신의 결정을 신뢰하지 못하게 하는 역효과도 있다. 심하면 비교의식에 따른 자기 강박적 우울증에 빠질 수도 있다.

위와 같은 현상이 단지 Y씨에게만 일어나는 것은 아니다. 건축학으로 대학원에서 석사 학위를 취득해 건축설계 사무소에서 근무하는 B씨. 그 역시 업무 시간에도 멈추지 않고 현업을 떠나 다른 직종으로 전직할 궁리에 여념이 없다. B씨는 안도 다다오安藤忠雄나 프랭크 게리Frank Gehry와 같이 독특하면서도 철학이 담긴 건축 작업을 하고 싶었다. 하지만 야근은 기본이고 회사에서 숙식이 일상화돼버린 상황과 월급 80만 원을 받고 근무하는 자신의 현실이 암울하고 답답하기만 했다.

그는 삼수 끝에 대학에 들어갔고, 군대와 어학연수 때문에 이미 결혼 적령기마저 넘긴 상황인지라 연애는 시도조차 하지 않는다. '이렇게 사는 게 사는 건가?' 싶은 마음에 연봉을 많이 준다는 대기업 건설회사로 전직을 준비해 보지만 이것도 마음대로 되지는 않는다. 어영부영 시간이 흘러 경력 3년 차가 되었고, 월급은 128만 원이 되었다.

하지만 여전히 그는 대기업의 공채 공고를 찾아보면서 '차라리 경력 3년을 버리고 신입사원으로 입사하는 게 좋을 것 같다'고 생각한다. 이렇게 다시 1년이 지났다. 이제는 '건축사무소만 아니라면 어디라도 가야지'라는 마음에 일반 기업의 총무관리직에 지원해본다. 남들처럼 자신도 제대로 된 환경에서 일한다면 성공할 수 있으리라는 기대만이 그를 버티게 하는 힘이 된다.

남과 비교만 하다 인생을 끝낼 것인가

누구에게나 많은 돈을 벌고 인정받고 명예를 얻고 싶다는 욕구가 있다. 그래서 성공강박증에 걸려 시동이 꺼지지 않는 엔진을 단 사람처럼 무작정 내달리는 이들이 많다. 물론 평범하고 소박하게 인생을 즐기며 살고 싶어하는 이들도 있다. 하지만 성과주의 사회에서는 전자처럼 사는 게 정답이라고 스스로 세뇌한다.

그러나 앞으로는 성과 중심의 사회 다음 단계로 다양성이 인정받는 유니크 사회가 될 것이다. 유니크 사회에서 개인은 다른 이들과의 비교를 멈추고 개인의 철학을 추구하며 살아가는 자유를 누리게 될 것이다.

실제로 남 보기에 좋은 직장을 벗어나 자신이 만족할 만한 일을 하거나, 돈 때문에 적성에 맞지 않는 일을 하기보다는 적게 벌어도 재미있는 일을 선택하는 사람들이 늘고 있다. 부모가 도와주지 않는 이상, 서울에서 집 한 채 장만하려면 한평생을 돈 벌고 빚 갚는 데 써야 한다. 그런 이유로 내 집 마련을 위해 애쓰기보다 월세나 전세로 살아가는 사람들이 늘어나고 있다. 나중에 행복한 삶이 아닌 현재 행복한 삶을 살아가는 방식을 선택하는 사람들이 늘고 있는 것이다. 직장 생활과 도시 생활에 지친 사람들은 서울을 벗어나 지방으로 내려가 느리게 살아가는 삶을 선택하기도 한다. 이들은 그곳에서 작은 카페를 열거나 게스트하우스를 운영하거나 농사를 지으며 느리지만 여유롭게 살아간다.

일한 만큼 벌고 번 만큼 쓰는 자급자족 시스템은 치열한 경쟁이 주는 우울감에서 벗어나게 해 주고 평안한 마음으로 삶을 즐기게 해 준다. 하지만 성과주의 사회에서 살아가는 워커홀릭들은 느리고 여유 있게 살아가는 삶을 은퇴 후로 미룬다. 역설적인 현상이 아닐 수 없다. 사회적 분위기에 휩쓸려 쫓기듯 열심히 살아가고는 있지만 청춘을 다 보낸 인생 후반기에 이르러서야 진짜 살고 싶은 삶을 살겠다니! 과연 무엇을 위한, 누구를 위한 삶을 사는 것인가?

행복해지는 건 생각보다 간단하다. 바로 남들과의 비교를 멈추면 된다. 나만의 속도를 찾고 지금의 삶에 만족하면 된다. 물론 단지 실천하는 게 어려울 뿐이지만.

왜 지금 다니고 있는 회사를 떠나고 싶은가? 고작 이 월급을 받고 이 일을 할 바에야 차라리 전직해서 다른 일을 하는 게 나을 것 같은가? 당신이 가고 싶은 그 회사에 가면 인생에 유토피아가 펼쳐질 것이라고 생각하는가? 그렇다면 잠깐 생각해 보라. 이직을 통해 얻게 될 만족감 만큼이나 감수해야 할 불편과 피로감은 없을까? 당신은 그 피로감을 감수할 자신이 있는가? 당신이 진짜 살고 싶던 삶이 이직하면 당장 펼쳐질까? 이에 대해 바로 대답할 수 없다면 매번 직장을 옮길 때마다 실패했다는 패

030

배주의적 상실감에 사로잡히게 될지도 모른다.

미술관에서 근무하는 Y씨가 다른 사람과 비교하여 개인의 목표와 철학을 잃고 방황하듯, 그 자리에서 실력을 키울 생각보다는 눈에 보이는 조건에만 군침 흘리는 건축가 B씨가 갈팡질팡하듯, 나와의 경쟁이 아닌 남들과의 경쟁 속에서 남 보기에 번듯한 일을 하고자 하는 것은 아닌지 자가 점검을 해 보아야 한다.

수십 억 연봉을 받는 외국계 증권사 대표 C씨의 꿈은, 10년 뒤 은퇴하여 작은 와인 바를 운영하면서 친구들과 즐기며 사는 것이다. 그런데 왜 지금 당장은 그렇게 살지 못하는가? 남들보다 좋은 차를 타고, 좋은 집에 살면서, 비싼 옷을 입으며 과시하고 싶은 자기 욕심 때문은 아닐까? 그렇게 일만 하며 살다가는 은퇴는커녕 그 전에 건강에 무리가 올지도 모를 일이다.

영국의 사상가이자 철학가 버트런드 러셀Bertrand Russell은 미래에 일어나게 될 현상 중 '게으름뱅이가 될 자유'를 들었다. 우리가 지금 갈팡질팡하면서 남의 눈을 의식하여 성과를 내기 위해 정신없이 살아가는 현상은 어쩌면 러셀이 예언했듯, 인간 저항을 제어하는 사회 조작에 의한 세뇌 학습의 효과일지도 모른다.

이제 당신이 어떤 결심을 하고 그것을 행동으로 옮기고자 한다면, 사회적 편견과 비교라는 바보 같은 잣대에 휘둘리지 말고 자신이 원래 가지고 있던 가치관을 지켜라. 만약 가치관이 없다면 '나는 언제 어디서 무엇을 하며 살아가는 것이 가장 행복한 가?'를 끊임없이 자문해 보고 가치관을 확립하라.

남과의 비교는 멈춰라. 비교에서 해방된 후 느끼는 자유는 길고 짜릿하며 행복할 것이다. 게을러도 괜찮고 남들처럼 빨리 살아가지 않아도 괜찮다. 아무리 애써도 지금 이 순간 우울감을 극복할 방법이 없다면 오늘 하루, 월차를 쓰고 기차를 타고 여행 을 떠나도 괜찮다는 말이다.

03 <u>가슴 뛰는 일만 하면</u> 행복해질 수 있을까

가슴 뛰던 일이 더 이상 가슴 뛰지 않을 때

한때 '가슴 뛰는 일을 하라' 열풍이 불었다. 이에 관한 많은 책이 출간되었고, 책에서는 저마다 가슴 뛰는 삶을 살지 않는다면 당장 큰일 날 것처럼 말했다. 책과 강연, 언론 할 것 없이 지금 하는 일에, 혹은 공부에 가슴이 뛰지 않는다면 잘못된 것이라는 생각을 우리에게 주입했다.

'가슴 뛰는 삶'이 유행처럼 지나간 이후에는 '미쳐야 산다' 열풍이 찾아왔다. 여러 가지 일에 미치는 삶을 살아야 잘 사는 것이라고 권고했다.《아들아 미쳐라 미쳐라》,《20대 재테크에 미쳐라》,《20대 자기계발에 미쳐라》,《30대여, 다시 공부에 미쳐라》,《40대, 다시 한 번 공부에 미쳐라》,《미쳐야 산다》,《미쳐야 미친다》,《미쳐야 이룬다》,《미쳐야 청춘이다》 등 많은 책이 쏟아졌다. 하지만 이런 제목을 보면 어떤 느낌이 드는가? 왠지 주눅 들진 않는가? 우리에게 평생에 걸쳐 미쳐야 한다고 부추기는 것 같아, 격려가 되기는커녕 지레 겁을 먹게 되고 오히려 자포자기하게 만들지는 않는가?

나도 한때는 시류에 편승하여 어느 책에선가 '한 분야에 미쳐야 한다'고 주장한 적도 있다. 하지만 미쳐서 사는 것, 생각만 해도 피곤하지 않은가? 평생에 걸쳐 미치는 것이 어떤 부분에서는 필요할 수도 있다. 즐거워서 미치는 것이라면 괜찮을 수도 있다. 하지만 그것이 아니라면, 평생에 걸쳐 즐기면서 일하고 사는 게 더 행복하지 않을까?

당신이 지금 하고 있는 일은 무엇인가? 서점 직원? 간호사? 청소 일? 카페 서빙? 사무직? 물류 배송직? 작가? 사업가? 의류 판매직? 의사? 예술가? 어느 분야에서 어떤 일을 하건 직업의 형태는 개인의 행복에서 중요한 요소가 아니다. 그 일을 얼마나 현재 즐겁고 행복하게 하느냐 하는 것이 훨씬 중요하다. 그렇게 사는 것이 진짜 의미 있는 인생이 아닐까?

과거에는 괴롭거나 힘들더라도 평생에 걸쳐 한 가지 일을 참고 견디며 하는 게 미덕이었다. 하지만 지금은 다르다. 살아가면서 평생 다니게 될 직장과 직업은 다양해지고 많아졌다. 이런 상황에서 당신은 책이나 사회에서 요구하는 것처럼 평생 가슴 뛰는 일만 하거나 미쳐서 살아갈 수 있을까?

지금은 선택할 수 있는 일의 영역은 넓어졌지만 이에 반해 한 가지 일을 할 때 가져야 할 끈기의 지속성은 상대적으로 짧아졌다. '이거 하다 지치면 저거 하고, 저거 하다 지겨우면 이거 하지 뭐?' 하며 이직을 쉽게 생각하는 이들도 많아졌다. 여기에는 매스미디어의 영향도 한몫한다. 신문과 텔레비전을 통해 우리는 성공한 인물들의 많은 사례를 접하지만 정작 성공에 열광하는 만큼 그 뒤에 숨은 노력은 보려 하지 않는다.

스티브 잡스Steve Jobs가 남긴 업적 뒤에는 애플을 향한 그의 노력과 열정이 있었다. 마이크로소프트 전 회장 빌 게이츠Bill Gates는 매일 한 시간 이상의 독서, 1년에 두 차례 2주일간의 '생각주간Think Week'을 통해 아이디어와 영감을 얻었고 이를 10여 년간 꾸준히 했다. 피겨스케이팅의 여왕 김연아는 한 번 실패하면 같은 동작을 65번 반복한다. 마린보이 박태환은 하루 2만 미터 수영을 매일같이 연습한다. 전설이 된 비틀스The Beatles는 1년에 270일 하루 8시간씩 5년간 연주 생활을 한 뒤에야 주목받을 수 있었다.

이들이 언제나 지치지 않고 노력했을까? 아마도 현실에서 도망치고 싶은 위기를 무사히 넘기고 또 힘을 내곤 했을 것이다. 언제나 가슴 뛰는 일만 하며 살아갈 수는 없다. 이게 현실이다. 하지만 가슴 뛰는 일이 진짜 자신을 위한 일이라는 착각을 하기도 한다. 왜 그럴까? 오늘 내가 하는 일이 가슴 뛰지 않으니까. 어디선가 새로운 일이 나를 가슴 뛰게 할 것 같으니까 그런 것이다.

군대를 제대하고 바리스타로 일하고 있는 P씨는 예전에 한 드라마를 보면서 바리스타에 대한 환상을 키웠다. 하지만 현실은 그의 상상과 너무나 달랐다. 드라마에서 보던 바리스타들은 모두 잘생겼고, 여유롭고, 재미있게 일하면서 예쁜 여자들과 로맨틱하게 연애하면서 신 나게 살아갔다. 그는 그런 여유 있는 삶을 동경해서 제대 후 바리스타 학원에 등록해 자격증을 따고 카페에 취업했다. 하지만 예쁜 여자와의 연애는커녕 뚱뚱한 아줌마 사장님은 매출이 안 나온다는 이유로 눈치를 주었고, 남편이랑 싸운 이야기며 자식들 속 썩이는 푸념만 해댔다. 그 바람에 그의 스트레스는 점점 심해졌다.

결국 카페를 나와 대형 프랜차이즈 커피전문점에 입사한다. 그곳에서 여러 아르바이트생들과 같이 일하며 그전보다는 더 즐겁게 일할 수 있었다. 하지만 다시 몇 달이 지나고 나니 급여에 대한 불만과 불안감에, 위기감까지 느껴졌다.

　현재 20대 후반인 그에게 "곧 결혼도 해야 하는데, 언제까지 그렇게 살 것이냐?"는 부모님의 성화가 쏟아졌다. 그러다 보니 그도 '이건 아닌데'라는 생각이 들었다. 그래서 무작정 카페 일을 그만두고 택배회사에 취직했다. 야간에 이루어지는 짐 운반 작업은 수당이 꽤 높았고, 식사도 제공되었다. 그는 그전보다 돈을 많이 벌 수 있다는 기대감에 부풀어 몇 달간 열심히 일했다. 하지만 통장을 보니 충격적이었다. 바리스타로 일할 때와 통장 잔고는 별반 차이가 없는 것이었다.

　왜 그랬을까? 택배 업무의 경우 야간 작업이 끝나면 고된 노동을 마무리하며 삼삼오오 모여 소주를 마셨다. 낮과 밤이 바뀌었으니 잠이 쉽사리 오지 않아 P씨도 따라 마시는 게 습관이 되었고, 어느새 일이 끝나 아침 반주를 하지 않으면 허전할 정도가 되어 버렸다. 아침부터 술을 마신 뒤에는 사우나에 가고 PC방으로 향했다. 밥은 사 먹고 집에 와서는 옷만 갈아입고 다시 일하기 위해 나가는 일상을 반복했다. 그러다 보니 버는 돈은 모일 새도 없이 새어 나갔다. 돈은 모이지 않고 고된 육체노동에 몸은 상했다.

　여느 때처럼 집에 들어왔는데 책상 위에는 부모님이 올려 둔 '가슴 뛰는 삶에 대한 책'이 놓여 있었다. 제목만 읽고도 그는 망치로 쾅 얻어맞은 것처럼 머리가 울리는 것 같았다. 자신은 지금 전혀 가슴 뛰는 삶을 살고 있지 않다. 가슴이 뛰기는커녕 짐을

수없이 나르고 소주를 하도 많이 마셔서 혈관이 늘어나는 삶을
살고 있다. '아, 큰일 났다. 이제 어떻게 해야 하지? 나는 인생의
낙오자인가?'

가슴 뛰는 일이 돈벌이가 될 수 있을지 파악하라

P씨는 이제 어떻게 살아야 할까? 가슴 뛰는 삶을 살지 않고,
그런 일을 하고 있지 않다고 해서 그를 낙오자라고 단정 지을 수
있을까? 이 상황에서 P씨는 소모적인 자책감으로 괴로워하는 대
신 잘 생각해 봐야 한다. 매일 가슴 뛰는 삶이 아니더라도 괜찮
다. 그저 힘든 일이 닥쳐왔을 때 그것을 넘어설 수 있을 만큼만
자신이 하는 일을 좋아해도 충분하다. 앞에서도 말했듯이, 모두
가 알 만한 성과를 낸 이들도 단 한 순간도 그 일에 대한 괴로움
없이 매일 가슴 뛰는 삶을 살고 있는 것은 아니다.

인생은 희로애락으로 이루어져 있는데 70~80퍼센트의 괴
로움과 20~30퍼센트의 행복감으로 구성된다고 생각한다. 우리
가 매일 겪는 일들을 한번 살펴보자. 하루 중 웃는 순간이 많은
가, 무표정하거나 짜증 나는 순간이 많은가? 하루 종일 행복하게
살아가는 사람들은 하늘의 축복을 받은 것이다. 대부분의 사람은
하루의 짜증과 피곤을 짧은 행복감을 통해 해소하며 살아간다.
흥미로운 것은 20~30퍼센트의 행복으로 남은 인생의 불안과 우

울감 그리고 괴로움을 극복할 수 있다는 점이다.

연애할 때를 한번 떠올려 보라. 달콤하고 설렘 가득한 백일이 지난 후의 연애 패턴은 어땠는가? 싸움 한 번 없이 늘 행복하기만 했나? 결혼도 한번 살펴보자. 달콤한 신혼(신혼이라 할지라도 자주 싸울 수 있다)을 지나고 나면 평생 기쁜 일만 가득할까? 우리는 많은 괴로움을 겪지만 그럼에도 살아가는 것이다. 일도 같은 맥락이다. 당신이 겪는 그 괴로움의 대가가 월급에 포함되어 있다. 일하는 목적이 행복이건, 자아 성취이건, 돈이건, 우연이건 간에 그 일을 한다고 가슴 뛰는 삶을 살아가는 것은 아님을 기억하라.

1년은 12개월, 52주, 365일, 8천740시간이다. 이 모든 시간을 미치도록 가슴 뛰는 삶을 산다면, 성공하기 전에 심장마비나 과로사 혹은 과한 열정의 부작용으로 무기력증이 찾아올 가능성만 높아진다.

이제 한 장의 종이를 꺼내 보라. 종이가 없다면 이 책의 빈 공간 아무 데나 써 보자. 자신의 가슴이 뛰고 행복한 일은 무엇인가? 목록을 쭉 적어 내려갔다면 이제 그 옆에는 그 일을 통해 수익을 낼 수 있는지 아닌지를 한번 체크해 보자. 가슴 뛰는 일을 통해 돈을 벌 수 있는 것이 과연 몇 개나 되는가?

앞에서도 말했지만 목표와 목적이 동일한 사람이라면 일을 통해서도 충분히 가슴 뛰는 삶을 살 수 있다. 자신이 좋아하는 일을 하면서 돈까지 번다면 이는 로또에 당첨된 것만큼 대단히 운이 좋은 사람이다. 하지만 그런 경우에도 때론 자신의 일에서 도망치고 싶을 정도로 짜증나는 순간이 전혀 없을까? 분명 많이 있을 것이다. 그리고 그건 당연한 거다.

한강변에 위치한 초호화 고급 아파트에 거주하는 이들 중에는 우울증 환자가 꽤 많다고 한다. 최고급 브랜드 옷을 입고, 비싼 차를 타며, 좋은 것들을 먹으며, 넓은 집에 사는 이들은 상대적으로 부족한 게 없기 때문에 작은 결핍에 대한 공허와 우울감도 더 크게 다가오기 때문이 아닐까? 결핍 그 자체에 사로잡히지 않도록 주의하자. 그리고 오늘 당장 행복할 만한 일들에 집중하면서 괴로운 감정에서 시선을 돌려 보는 건 어떨까? 그 행복을 유지하기 위해 일을 한다고 생각해 본다면 참을 만하지 않을까?

나는 왜 이렇게 회사 가기 싫은 걸까?

04 타인의 성공은 언제나 쉬워 보인다

결과물만 바라보면 배가 아프다

삼일회계법인에서 근무하는 32세의 2년 차 회계사 P씨는 헤드헌터들이 항상 이력서를 볼 수 있게 공개하고 있다. 그는 놀고 싶은 마음을 참아가며 3년간 치열하게 공부해서 CPA공인회계사에 합격했고 우리나라에서 손꼽히는 대형 회계법인에 입사했다. 그 당시에는 꿈과 희망에 가득 차 있었다. 소위 말하는 전문직이 되었기 때문에 연봉도 높게 받을 것이고, 화려한 생활을 하면서 여유롭게 예쁜 여자들과 데이트하는 판타지를 꿈꿨다.

하지만 현실은 매우 달랐다. 몇 년이 지나 지속되는 야근과 강도 높은 업무 스트레스로 건강까지 잃게 되자 자신이 무엇을 위해 몇 년간 회계사가 되기 위해 공부했는지 회의감마저 들었다. P씨는 수입차를 구입했다. 당연히 월급으로는 턱없이 부족해 마이너스 통장을 개설했다. 게다가 친구들을 만나면 호기롭게 밥값을 냈다.

한편으로는 대기업에 근무하는 지인들의 연봉과 복리후생 혜택과 자신이 받고 있는 연봉을 비교하며 '이렇게 인생을 살고 싶지 않다'는 마음에 이력서를 공개 설정해 둔다. 그러면서 현재 회사보다 1.5배 높은 연봉과 스톡옵션을 제시하며 코스닥 기업이나 벤처 기업에서 입사 제의가 들어올 때마다 이직해야 할지 말아야 할지를 고민한다.

이직만 하면 고액 연봉을 받을 수 있을 것이라는 기대감 때문에 현재 근무하는 회사는 별 볼 일 없이 느껴지고, 열심히 일할 필요도 없다고 생각한다. 자신은 이직만 하면 고액 연봉을 받을 사람이라고 생각하기 때문에 현재 회사에서 실적 평가가 좋지 않지만 상관없다고 여기는 것이다. 하지만 과연 이런 생각으로 회사에 다닌다면, 미래 그의 인생은 어떻게 펼쳐질까?

기술혁신형 중소기업으로 선정된 경영시스템 컨설팅 기업인 ㈜인버스의 안병윤 대표는 직장인의 일대기별 연봉 예상도에 대해 다음과 같이 설명한다. 대부분은 20대 후반에 직장 생활을 시작해서 40대 중후반까지 20년을 근무한 뒤, 40대 중후반부터는 임원을 맡게 된다. 그 후 10년 뒤에는 기업의 대표직을 맡는 것이 소위 말하는 엘리트 직장인의 수순이다. 그리고 60대 초중반에 은퇴하게 된다.

그는 단호하게 "20대 후반부터 이직하는 사람은 오래 버틴 사람의 벽을 넘지 못해요"라고 말한다. 임원에서 대표까지 10년의 기간 동안 벌 수 있는 돈은 못 받아도 10~20억대이며 대표가 되면 총 근무 기간 동안 30~50억을 벌 수 있다(물론 금액은 기업에 따라 차이가 난다).

만약 현재 4년 차 대리의 연봉이 5000만 원이라고 가정해볼 때 이직 시 10~20퍼센트밖에 올릴 수 없다. 이 기간에 또래들보다 연봉을 1000~2000만 원 더 받는다고 해도 한 회사에서 임원이 되지 못하면 40대 중후반 이후부터는 오히려 전직하지 않고 오랫동안 한 회사에서 근무해 임원이 된 사람보다 돈을 적게 벌게 된다. 물론 모든 기업이 이런 임금제도가 적용된다는 것은 아니다. 하지만 팀장 이하로 근무하는 10년 동안 벌 수 있는 돈이 10억이라 가정했을 때, 이직한 사람이 이직하지 않은 이들보다 더 벌 수 있는 돈은 1억 정도이다. 그런데 평균적으로 이 1억의 기회비용을 감수하고 버텨내서 임원이 된다면 이 1억이라는 돈은 임원 재직 1년이면 벌 수 있다.

그는 "자신에게 필요한 역량을 획득하면 나중에 돈으로 돌아온다"라고 말한다. 하지만 단지 조건만으로 직장을 옮기는 것은 자신의 커리어를 잘못 관리하는 행동이라고 조언한다. 인버스의 임원들은 최소 3~5년의 검증 절차를 거친다. 이전 경력은 중요하지 않다. 인버스에는 18명의 임원이 있는데 외부에서 온 사람은 2명밖에 없다. 그렇다면 10년 이상 근무한 직원들과 외부에서 온 직원 중 어떤 사람에게 임원 승진 기회를 더 주겠는가? 몸값을 올릴 수 있는 비결은 본인의 자발적인 이직이 아니라 '스카우트되는' 방법이다.

예를 들어 삼성의 이인용 부사장은 MBC에서 근무하다 홍보 분야로 스카우트되어 현재 승승장구하고 있다. 본인이 현재 얼마를 버느냐보다 중요한 것은 어떤 목적으로 어떤 경력을 쌓아 나가는가이다. 당장 버는 돈에 눈이 멀어 목적 없이 이직하는 것은 미래에 가질 수 있는 기회를 놓쳐 버리는 행동일 수 있다. 마음잡고 근무하다가도 '주변의 누구는 몸값을 두 배로 올리고 행복한 인생을 살고 있다더라'라는 '카더라 통신'이 들리면 마음이 심란해지고 잘 다니던 회사도 당장 때려치우고 싶어질 수도 있다. 그런데 가만히 살펴보면 주로 증권계나 금융권 등에서 화려하게 전직하며 몸값을 올린 이들의 일화가 자주 기사화된다. 그들이 성공하기까지 흘린 땀과 노력, 실력은 제대로 보려 하지 않고 성공이라는 결과에만 마음이 동요된 채 급작스레 생각에도 없던 이직을 알아보기 시작하는 이들도 많다. 억대 연봉의 신화를 이룬 노력이나 수고 같은 것들은 주목하지 않고 성과 그 자체에만 열광한다. 그러고는 자신도 이직만 하면 고액 연봉 신화의 주인공이 될 것이라는 지독한 과대망상증에 시달린다.

2012년 가수 싸이는 〈강남 스타일〉로 미국과 영국, 남미, 동남아 등 전 세계를 휩쓸었다. 미국 방송에서 한국말로 자막이 나오게 만든 문화적 저력을 보여 준 싸이도 따지고 보면 이직으로 몸값을 상승시켰다. 자신이 직접 기획사를 설립해 운영하다 YG 엔터테인먼트로 들어가 음악 외적인 부분에 대한 부담감을 덜고 집중한 결과물이 바로 〈강남스타일〉이었다. 혹시 싸이의 성공 사례를 보며 그의 노력에 박수를 보내기보다 그가 벌어들인다는 수익에만 눈길이 가서 '어휴, 나도 가수나 할 걸' 하고 푸념하고 있지는 않은가? 하지만 그가 이직을 통해 세계적 스타가 된 것은 아니다.

그는 데뷔 12년차 가수다. 그동안 대마초 스캔들, 두 번의 군 입대를 통한 시련에도 굴하지 않고 꿋꿋이 무대에 섰다. 콘서트로 다져진 탄탄한 기본기는 그를 단박에 세계 시장에서 세계적인 스타들과 함께 나란히 서 있어도 주눅 들지 않게 만드는 배포의 원동력이 됐다. 다시 말해 그가 지닌 탄탄한 내공과 실력이 적절한 시점에서 발휘되었다는 것이다.

회사는 연봉 이상의 성과를 요구한다

비교의식에 의한 불안감이 사라진다면 우리는 얼마나 더 행복하게 살아갈 수 있을까? 물론 이직을 통해 앞서 말한 것과는 다른 방식으로 몸값을 높이는 사람들도 많이 있을 것이다. 하지만 그들은 받은 연봉 값 이상의 성과를 내야 하기 때문에 인생의 대부분의 시간을 회사와 일에 저당 잡힌 채 살아간다.

과연 연봉을 올리면 그 뒤의 인생은 자동적으로 행복해질까? 그야말로 '만사 오케이' 상태가 될까? 당신에게 행복의 척도는 연봉인가? 회사의 네임밸류인가? 업무의 방향성인가? 혹은 이도 저도 아닌 개인적인 이유인가?

이직을 통해 연봉은 오를 수 있으나 이전 회사에서 기울였던 노력의 갑절을 하지 않는다면 낙오되기 십상이다. 다시 말하지만 세상에 공짜는 없다. 회사가 많은 연봉을 주고 당신을 고용하는 것은 그 이상의 능력 발휘를 원하기 때문이다. 이에 부응하지 못한다면 회사는 당신에게 냉담해지고, 자신감을 잃은 당신은 이직에 이직을 반복할 수밖에 없다.

받는 연봉의 액수와 스트레스 강도는 정비례한다. 대기업 전무대기로 근무하던 50대 후반의 B전무는 동기들이 중소기업 대표이사와 임원으로 이직하면서 좋은 차를 타고 높은 연봉을 받으며 임원이 되는 것을 부러워하다가 결국 이직을 결심했다.

B전무가 근무하던 대기업의 한 하청업체를 보니 사업 아이템도 유망하고, 대우도 좋을 것 같아 그곳에 이력서를 보냈다.

이력서를 보내면서 본인도 이제 '○○기업의 대표'라고 거들먹거릴 수 있다는 기대감에 사로잡혔다. 하지만 B전무가 대표를 맡기에는 아직 이르다는 그 회사 사장의 판단에 따라 전무로 발령이 났다. 그는 '나 같은 인재가 이런 작은 기업에 와 줬으면 감사한 거지'라는 오만한 생각을 했다. 전 직원이 일손이 바빠 근무하는 와중에도 6시면 유유히 퇴근했고, 본인 혼자 쓸 수 있는 단독 사무실을 요구했으며, 사장까지 바빠서 출근하는 와중에도 본인은 휴일을 다 챙겨 썼다. 부임한 지 몇 달이 지났는데도 해당 기업의 제품조차 명확히 파악하지 못하는 상황이 되었고 급기야 유예 기간 3개월을 거쳐 해고당했다.

1년이 지나자 잘나가는 것처럼 보였던 친구들의 상황에도 급격한 변화가 생겼다. 대부분 1년 계약직 사장이었기 때문에, 연 매출이 오르지 않거나 경영과오가 나타난 경우에는 바로 해고당했다. 그들은 불러 주는 회사도 없고, 집에 있자니 부인의 눈치가 보여 작은 사업이라도 시작하고 싶어 하지만 아직 출가시키지 못한 자녀들 때문에 퇴직금에는 손을 댈 수도 없는 형편이었다. 집에 있기도 답답해서 경비직이라도 해 보고 싶지만, 이마저도 경쟁률이 치열해 하루 종일 도서관에서 시간을 보내다 집에 들어가는 생활을 이어가고 있었다. 주변 친구들의 모습에 흔들리지만 않았다면, 일이 없어서 불안해하는 상황까지는 오지 않았을 것이다.

지금 200만 원을 받고 있다면, 한 달에 회사에 2000만 원 이상의 성과를 내야 월급의 정당성이 생긴다. 500만 원을 받는 사람이라면 회사에 5000만 원 이상의 이익을 안겨 주어야 한다. 그러기 위해서는 당연히 그에 따른 스트레스도 감수해야 한다.

고액 연봉을 받는 사람이 반드시 행복한 건 아니다. 그리고 앞서 살펴본 B전무의 사례처럼 잘나가는 이들의 신화가 늘 해피엔딩인 것도 물론 아니다.

05 불안과 두려움이 발목을 잡을 때

지금 이대로 괜찮은 건지 두려워질 때

시대에 따라 트렌드도 바뀐다. 공장 제조업이 중심이었던 산업 시대의 핵심 트렌드는 획일적이고 규칙적이며 반복적인 시스템과 주입식 교육이었다. 엄격한 권위주의 속에서 이성을 강조했고 일이 최우선인 시대였다.

그러나 지식정보 사회가 되면서 정보의 다양화에 따라 이성과 감성의 조화를 강조하고 배려와 서비스를 중시하게 되었다. 다품종 소량 생산에 수준 높은 제품을 선호하고, 무규칙과 예측

불허의 변화에 잘 대응하는 사람을 창의성 있는 인재라 부른다. 지금은 이야기와 재미 중심의 교육을 추구하고 경쟁력보다는 조화를 중요시한다. 그뿐만 아니라 사회 구성원의 가치관도 달라졌다. 산업화 초기에는 무조건 남들보다 더 열심히, 최선을 다해서, 희생하며 인내하는 것이 최선의 가치라 생각했다면 지금은 개성과 독창성을 중시하며 더 현명하게 삶을 누리고 나누며 나와 전체의 균형을 맞추는 것이 더 중요하다.

예전에는 '다르다는 것'이 배척의 대상이었다면, 이제는 다른 것이 틀린 것이 아니므로 포용해야 한다고 여겨진다. 과거에는 집단의 만족과 체면이 우선이었다면 지금은 정서적 안정과 내면의 만족을 추구하며 '나'라는 주체를 들여다보는 것이 인정된다. 출판계에서도 자신을 돌아보고 마음을 치유하는 책이 유행하고, 힐링은 방송가를 비롯한 사회 전반의 트렌드가 되었다.

이제 일이라는 행위는 밥 한 끼를 해결하기 위한 수단을 넘어 자아 성취를 위한 방법으로 여겨진다. 따라서 과거에는 몇십 년이건 한 직장에서 버티는 것이 능력 있고 성공한 것으로 여겨졌다면, 요즘은 능력에 따라 연봉을 높여 자유자재로 이직하는 것이 능력 있는 사람의 모습으로 비친다. 그래서인지 한 직장에 오래 다니는 사람이 오히려 무능력하게 보일 때도 있다. 많은 이들은 지금 이대로 지내다가는 자신만 뒤처지는 것은 아닌지 불안해한다.

　□ 나는 불확실한 미래가 두렵다.

　□ 나는 위기 혹은 위험에 민감하다.

　□ 나는 단순한 시행착오도 실패 같다.

　□ 나는 애매한 상황을 잘 견디지 못한다.

　□ 나는 능력에 한계를 느끼는 순간이 두렵다.

　□ 나는 쓸데없는 원칙과 순서에 얽매인다.

　□ 나는 부적절함에 민감하다.

　□ 나는 실수를 잘 인정하지 않는다.

　□ 나는 모든 것을 빈틈없이 조정하고 싶다.

　□ 나는 늘 잘해야 한다고 생각한다.

　□ 나는 우유부단하지만 애매한 것도 싫다.

　□ 나는 부끄러운 상황이 생길까 봐 걱정된다.

당신은 위의 체크리스트 중 몇 개에 해당하는가? (V표를 해 보라) 이는 김현철 정신건강의학과 전문의가 제시하는 〈강박증 체크리스트〉이다. 요즘 사람들은 늘 성공해야 하고, 잘해야 한다는 강박관념에 사로잡혀 있다. 뒤처지면 안 된다는 강박 때문에 힘들어하고, 심한 경우 알코올 중독증이나 공황장애와 우울증까지 생기기도 한다.

우리나라는 자살률 세계 1위라는 불명예를 안고 있다. '돈과 명예를 얻는 자만이 진정한 인생의 승리자'라는 인식이 팽배

하기 때문에 이는 어찌 보면 당연한 결과가 아닐까? '더 좋은 곳으로 더 빨리'라는 성공 강박증에 빠져 현재를 잘 살고 있으면서도 안절부절 못한다. 세상은 너무도 빨리 변하는데, 홀로 제자리걸음하는 것 같아서 말이다.

사실 나도 성취에 대한 갈망과 염원으로 힘들었던 시절이 있었다. 어린 시절, 아무도 없는 텅 빈 집에서 보았던 백과사전 속 인물처럼 빨리 유명한 사람이 되고 싶은 열망으로 조급해했었다. 그리고 어리석게도 어디든지 취업하면, 손쉽게 억대 연봉을 받는 사람이 될 줄 알았다. 어느 분야에서건 최고가 되는 게 최선이라 생각했다.

예를 들어 디자이너로 일할 때는 '우리나라를 대표하는 디자이너가 될 거야. 뉴욕이나 파리에도 숍을 열어야지'라는 목표를 세웠고, 파티플래너로 일할 땐 '나의 손을 거치치 않고는 신제품 출시 파티가 이루어질 수 없게 만들 거야. 대한민국에서 제일 유명한 파티플래너가 되어야지'라고 다짐하곤 했다. 전시기획자로 일할 땐 '크고 유명한 행사는 다 맡아서 기획하는 사람이 될 거야'라고 결심했다.

그 당시 나는 성공 강박에 시달리고 있었다. 하지만 시간이 지날수록 모든 것이 두려웠다. '내 실력으로 오를 수 있는 자리는 한계가 있는 것 같아. 성공까지는 왜 이렇게 길고 멀고 지루한 걸까? 안 되겠다, 다른 직업을 찾아서 그 분야에서 최고가 되어야

나는 왜 이렇게 회사 가기 싫은 걸까?　　　　　　　　　　　　　　　**Part 1**

지'라는 생각으로 스스로를 괴롭혔다. 내 실력이 부족한 것에 대해 인정하려 하지 않고 개선의 노력도 하지 않았다. '이 회사는 나 같은 인재가 다닐 곳이 못 되는군'이라는 자만심에 빠져 미래에 대한 두려운 감정은 외면한 채 이직과 전직을 일삼기도 했었다.

두려우니까 사람이다

이런 마음으로 일하는데 어떻게 잘할 수 있을까? 잘 안 되는 게 당연했다. 가슴 깊은 곳에 '성공하지 못하면 안 된다'라는 두려움이 쌓일수록 출근하기도 싫어졌다. 그런 생각으로 6년을 보내던 어느 날 문득 '성공이 뭐지?'라는 생각이 들었다. 당시 나는 겉보기에는 화려하지만 적성에는 잘 맞지 않는 일을 하며 자신을 불행하게 만들면서도 그것이 성공을 위한 최선이라고 착각했었다.

사실 당시 내가 진짜로 좋고 행복하다고 느낄 때는 글을 쓰고 책을 읽을 때였다. 늘 패배자에 낙오자라는 열등감에 시달리고 있었지만 유일하게 책에 관한 이야기를 할 때 즐거웠고 자신감도 생겼다. 열네 살 때부터 꾸준하게 해 온 글쓰기는 할 줄 아는 일을 넘어 가장 오래 즐겨 해왔던 일이었다. 그리고 지금 가장 잘하는 일이 되었다.

어느 순간 나는 내 안에 있었던 두려움을 끌어안고 인정해 버리기로 했다. 그래서 "저는 긴 글은 못 써요. 그래서 칼럼니스트가 되고 싶어요"라는 인터뷰를 한 지 1년 만에 첫 책《20대 여자를 위한 자기발전노트》를 출간했다.

'진짜 좋아하는 일을 하다 실패하면 어쩌지? 나한테 재능이 없는 건 아닐까? 과연 나처럼 평범한 사람도 작가가 될 수 있을까?'라는 불안감을 억지로 없애려 하지도 않았다. 그대로 가슴 한 편에 둔 채 '그래도 나는 글 쓰는 게 행복해. 나는 작가가 되고 싶어. 나 같은 사람이 독자들에게 줄 수 있는 감동의 영역도 있을 거야'라고 긍정적으로 생각했다. 하지만 작가가 되고 나니 또 다른 두려움이 생겼다. '여기까지가 끝이 아닐까? 내일 또 글을 쓸 수 있을까? 나는 소질이 없는 걸까?'라는 생각도 끊임없이 들었다. 그러나 그런 마음도 그냥 그대로 인정했다. 대신 매일, 일정 시간 동안 글을 썼다. 내 안의 두려움을 일을 더 열심히 하게 만드는 원동력으로 삼았던 것이다.

하지만 현실적으로 이름만 들어도 알 만한 베스트셀러 작가들을 제외하고는 인세 수입만으로 살아가긴 어렵다. 나 또한 작가가 되어 책 쓰기를 업으로 살아가려다가 그 한계에 부딪혀 극심한 우울감을 느끼고 정체기를 거쳤다. 그리고 내린 결론은 '좋아하는 일로 돈 벌 궁리를 하기보다, 다른 일로 돈을 벌어 좋아하는 일을 지속하자'였다. 일주일에 하루 이틀은 강사 일을 하면서 돈을 벌고, 사나흘은 글 쓰는 삶을 선택했다. 그리고 현재는 7년째 작가 생활을 하고 있다. 7권의 종이책과 3권의 전자책을 출간했고 소설로 〈삶의 향기 동서문학상〉을 받았으며 각종 매체에 문화 칼럼을 기고하고 있다.

물론 나도 유명 작가가 되어 많은 책이 팔리고 존경받길 바란다. 하지만 그렇다고 지금의 내 상황에 불만이 있는 것은 아니다. 수많은 직업을 거쳐 나에게 딱 맞는 옷을 입은 것처럼 '글 쓰는 삶'을 살아가고 있는 지금에 만족한다. 내가 가장 즐기는 일이 바로 책 읽기와 글쓰기이기 때문이다. 물론 글 쓰는 일이 쉬운 것은 아니다. 때로는 두려움이 밀려올 때도 있고 때려치우고 싶은 순간도 있다. 하지만 슬럼프가 오더라도 도망치지 않고 다양한 분야에 대해 평생 글을 써볼 계획이다.

당신도 만약 지금 당신에게 딱 맞는 일을 찾았다면 힘들더라도 놓지 마라. 두려운 생각이 들더라도, 또 지금 당장 큰 수익을 내진 못 하더라도 개의치 말고 한 걸음씩만 꾸준히 노력해 보라. 당신의 행복한 삶을 보증하는 지름길이니까 말이다.

06 <u>출근할 장소를 옮길 것인가,</u>
마음의 방향을 바꿀 것인가

우주 끝에서 자신을 내려다보는 연습하기

자, 이제는 현실에 대한 불안감도 인정했고 고액 연봉 신화에 대한 실체도 파악했다. 그리고 현재 회사에서 근무하는 것의 장단점과 이직 후의 장단점까지 파악해 보았다. 그렇지만 여전히 출근하기 싫을 수도 있다. 하지만 당장 사표를 쓸 수 있는 상황이 아니라면 다시 현실에 충실하기 위해 다시 한 번 신중히 자신을 돌아볼 필요가 있다.

줄스 에반스Jules Evans는 고대 철학자들이 우주로 상상여행을 떠나는 방법이었던 '저 위에서 내려다보기 기법'을 권한다. 그의 논리에 따르면 큰 그림에서 보면 자신의 고민거리는 우주적 관점에 놓게 되고, 불안한 자아는 경외감과 경탄 속에 사라지게 된다는 것이다. 철학자 마르쿠스 아우렐리우스^{Marcus Aurelius Antoninus}는 자신에게 이렇게 처방했다.

> "밤하늘에 회전하는 별을 바라보라. 너 자신이 그 가운데 속한 것처럼 원소들이 바뀌는 모습을 머리에 자주 그려 보라. 그런 모습이 지상의 찌꺼기를 없애 줄 것이다."

그의 말처럼 밤하늘의 별들에 대해 생각하다 보면 일상적인 고민거리들은 정말 사소하고 별로 중요하지 않아 보이게 된다. 이와 같이 '위에서 내려다보는 모습'을 심리학자들은 '거리 두기 기법' 혹은 '축소 기법'이라 부른다.

이제 방향성 없는 터널을 지나는 것과 같은 현실에서 잠시 빠져나와 자신의 현재를 객관적으로 돌아보려고 노력해 보자. 왜 이렇게 일하기도 싫고 출근하기도 싫은지 객관적으로 점검해 보는 것이다. 원인을 알아야 해결책도 찾을 수 있다. 꼭 별을 바라보며 우주를 상상하지는 않더라도, 현실에서 눈을 돌려 집중할 수 있는 현실 도피적 유토피아를 마련해 보자.

당신이 아프리카, 파리, 몽골, 제주도, 지리산, 여수 밤바다

등 좋아하는 여행지에서 살고 있다고 상상해 보라. 잠시 일상의 소소한 고민은 잊고 기분을 최상의 상태로 만들어 보라. 그리고 현실적으로 안 된다고 생각하지 말고 살고 싶은 이상적인 삶에 대해 상상해 보자. 뇌 과학자인 이케가야 유지池谷裕二에 따르면, 인간의 뇌는 무의식중에 자신이 생각하는 대로 살아가도록 작용한다고 한다.

오늘 당신이 출근해야 하는 이유는 무엇인가? 자신이 일하면서 가장 성취감을 느끼거나 보람된 순간은 언제인가? 특별히 보람 있지는 않더라도 사무실에 자신의 자리가 있다는 이유 하나만으로도 안도감이 느껴지지는 않는가?

결혼 생활을 유지하는 비법은 무엇일까? 바로 이혼을 하지 않는 것이다. 회사를 오래 다닐 수 있는 이유도 동일하다. 바로 퇴사하지 않는 것이다. 건강한 치아를 유지하는 방법은 양치질을 잊지 않고 하는 것이다. 원인이 있어야 결과도 있다. 당신이 돈이 없는 이유도 마찬가지 맥락이다. 돈을 많이 벌지 못했거나 많이 썼거나 많이 모으지 않았기 때문이다. 아니면 생활비가 본인 의사와 무관하게 많이 들어가기 때문이다.

그렇다면 출근하기 싫은 이유도 이런 맥락에서 살펴보자. 상사가 오늘도 당신을 괴롭힐 게 뻔해서? 더 이상 업무적 성취감을 얻을 수 없고 성장도 기대할 수 없기 때문에? 열심히 노력한 프로젝트의 공을 다른 사람에게 빼앗겨서? 더 좋은 일자리를 발견해서? 혹은 아무 이유 없이 권태감을 느껴 무기력해져서?

재미있는 사실은, 일과 사랑의 속성이 유사하다는 점이다. 사랑만큼 달콤하면서 고통스러운 이중성을 지닌 것이 또 있을까? 사랑에 빠지면 상대방의 반응 하나, 말 한 마디에 울고 웃으며 천국과 지옥을 오르내린다. 나 혼자 상대방을 지극히 사랑한다고 해서 행복한 결말로 이어지는 것도 아니다. 어떤 이는 "상대를 배려하지 않는 이기적인 열정은 발정일 뿐이며 열정은 사랑의 필요조건이지만 충분조건은 아니다"라고 말하기도 한다.

일도 마찬가지이다. 현실적인 제약은 잊은 채 목표와 꿈을 정했다면 먼저 당신이 옳다고 여기는 방법만이 최선이 아님을 인정해야 한다. 그리고 그 일이 원하는 속성과 방법을 충분히 이해하고 학습한 뒤 차근차근 해 나가는 것이다.

당신은 호감이 생기질 않았는데 만난 지 하루 만에 상대방이 온 열정을 다해 평생을 바치겠다고 돌진해 온다면 어떤 결과로 이어질까? 대부분 당혹감 때문에 뒤로 물러서며 거부감이 들게 된다. 사랑에도 서로 알아가는 시간이 필요하듯, 일에도 익숙해져 가는 과정과 시간이 필요하다.

프랑스의 구조주의 철학자이자 비평가인 롤랑 바르트Roland Barthes는 '우리는 죽을 때까지 사랑 안에서 방황하도록 선고받았다'고 정의했다. 이 말에 2음절을 더해 '우리는 죽을 때까지 (일과) 사랑 안에서 방황하도록 선고받았다'는 것도 맞는 말 같다. 방황은 인간의 속성이다. 당신이 오늘 출근하기 싫은 이유를 정확히 말할 수 없다고 해서 이상할 건 없다. 이유 없이 가기 싫은 건 자연스럽고 정상적인 감정이다.

어느 방향으로 돛대를 옮길 것인가

신문사 기자인 L씨는 3년째 아침마다 "출근하기 싫어 미치겠네"라고 중얼거린다. 그는 글 쓰는 것과 사람 만나는 것을 좋아한다. 나름대로 자신의 적성을 고려해서 기자라는 직업을 선택했다. 그 어렵다는 공채에 합격하여 신문사에 입사했지만 신문사의 분위기는 자신이 상상했던 것과는 전혀 달랐다.

제대로 글을 쓸 수 있는 여건이 조성된 것도 아니었고 선배들과 데스크의 압박은 무겁게만 느껴졌다. 심지어 자신은 '문학·여행·레저 라이프' 분야 기사를 담당하고 싶었지만 현실은 '정치·경제' 분야 기사를 써야 했다. 없는 지식 채워 가랴, 기사 쓰랴, 늘 머리가 아팠다. 게다가 일 때문에 술은 왜 이렇게 많이 마셔야 하는지 이해할 수 없었다. 꿈꿔 왔던 기자가 되어 일하고 있지만 이것이 전부가 아닌 것 같다는 생각이 들었다. 하지만 이 회사를 관둔다 해도 어디로 가야 할지, 심지어 어디서부터 무얼 어떻게 시도해야 할지도 알 수 없었다.

그는 하기 싫은 출근을 반복하다 3년째에 접어들던 해, 그동안 눈치 보여 쓰지 못했던 연차를 써서 제주도로 떠났다. 처음에는 본인이 없으면 회사가 큰일 날 것이라고 생각했지만, 예상 외로 별일 없이 시간은 흘러갔다. 올레 길을 걸으며, 본인이 좋아하는 것이 '신문사에 다니는 일'인지 '기사 쓰는 일'인지를 생각했다. 그리고 게스트하우스에서 여행자들과 어울리며 오랜만에 숨을 쉰다는 게 어떤 기분인지를 실감했다.

생각해 보니 자신은 '패션 · 리빙 · 요리 · 여행' 분야에 관심이 많았다. 서울로 돌아와 '여행 작가'라는 타이틀을 넣은 명함을 만들어서 신문사 기자 명함과 함께 지갑에 넣었다. 아직은 월세며 적금이며 생활비를 감당하기 위해 회사에 다녀야 하지만, 여행 작가가 되기 위한 준비 과정이라 생각하니 출근할 맛도 났다. 블로그를 개설하고 제주도 여행 사진을 올리며 퇴근 후나 휴일에는 여행 관련 글을 쓰기 시작했다. 현재의 위치에서 향해야 하는 인생 돛대의 색깔만을 수정함으로써 삶을 좀 더 행복하게 만든 것이다.

비슷한 상황으로 고민하던 인터넷 신문사 기자 W씨는 프리랜서로 전향했다. 10년 정도, L씨보다 오랜 기간 근무한 W씨는 그간 쌓인 인맥을 활용해 자유기고가로 활동하기 시작했다. 회사에 다닐 때보다 수입은 절반으로 줄었지만 계절의 변화를 느끼면서 살아갈 수 있는 시간적인 여유가 생겼고, 쓰고 싶은 글을 마음껏 쓸 수 있어서 행복했다. 언제 일이 끊길지 모르는 불안감이 없는 것은 아니었지만 그간 부어 놓은 적금으로 2년간은 버틸 수 있으니, 인생에서 딱 2년만 원하는 대로 살아보자고 생각하기로 했다.

그가 회사를 그만둔 가장 큰 이유는 어이없게도 '아침잠'이었다. 아침잠이 많고 밤에 일하는 게 체질에 맞았는데 10년간 아침잠을 물리치고 출근하자니 너무 힘들었다고 한다.

혹은 생각을 바꾸어 자신이 일하고 싶은 환경을 적극적으로 만드는 방법도 있다. ㈜바이민의 서정민 대표는 '일하기 좋은 환경에 대해 말할 때 대기업과 벤처기업을 구분하는 것은 무의미하다'고 생각했다. 한양대학교 재학 시절 벤처회사를 창업한 그는 대기업에서도 근무해 보고 싶었다. 하지만 기회가 주어지지 않았다. 흔히 대기업은 수동적이고 중소기업은 능동적인 환경이라고들 말한다. 그리고 이런 기업 성향에 따라 조직을 선택해야 한다는 세상의 견해에 그도 일부분은 동의했다. 하지만 파리바게뜨에서 근무하는 한 대리의 인터뷰 기사를 통해 사고의 전환점을 맞게 된다.

그 대리는 대기업에서 근무하지만 누가 시키지 않는데도 퇴근하면 항상 마트와 가맹점들을 돌아보았고, 자사 제품이 마트에 제대로 진열되어 있지 않으면 바로잡았다. 그리고 가맹점에 부족한 점은 없는지 이익이 될 점은 무엇인지를 능동적으로 연구했다. 결국 그 대리는 초고속으로 승진했고 그 내용이 인터뷰 기사로 신문에 실린 것이었다. 자신의 처지를 비관하지 않고 인생을 바꾼 태도의 승리라고 할 수 있다.

이처럼 모든 일에 정답은 없다. 인생에도 정답은 없다. 지금 당신이 느끼는 감정에 대해 불만이 없다면 그대로 살아가도 괜찮다. 하지만 계속해서 지금 상황과 감정에서 벗어나고 싶다는 욕구가 든다면 무엇이든 시도해 보아야 한다. 만약 지금 근무중인 회사를 계속 다녀야 한다면 그 일에 대한 당위성이나 행복감을 부여하고, '더 이상은 무리이다' 싶을 정도로 출근하기 싫다면 다른 일을 시도하거나 이직을 준비하는 것이 좋다.

당신의 선택을 돕기 위해 현업 인사담당자들의 조언을 다음 장에 담았다. 회사에 남아 있거나 이직한 사람들의 실질적인 경험과 조언을 통해 당신의 오늘을 돌아봐도 좋을 것이다.

01 월급에 길들여지는 나, 괜찮을까
02 내 길이 아닌 회사에서 내 길 찾는 법
03 지금 필요한 스마트한 경력 관리
04 사표는 나중에 써도 돼
05 출근하고 싶어지는 직장 만들기
06 빅데이터를 활용하며 때를 기다리기
07 목숨 걸지 않고 정년까지 출근하는 비결

지금 다니는 직장에서 행복해지는 법

01 월급에 길들여지는 나, 괜찮을까

어쨌거나 인생에서 돈은 필요하다

매달 일정한 날이면 꽃처럼 아름답고 치명적인 매력을 가진 거부할 수 없는 '그분'이 오신다. 벚꽃 날리는 아름다운 시절은 짧듯, 야속한 그분은 조금 더 머물러 계셔도 될 텐데 서둘러 내 곁을 떠나신다. 바로 '월급'이다.

월급이 로그인하시는 순간 대기하고 있던 '국민카드 빠져요~ 롯데카드 빠져요~ 현대카드 빠져요~ 신한카드 빠져요~ 시티카드 빠져요~'가 시작된다. 이후 '보험료 퍼가요~ 적금 퍼가요~

통신비 퍼가요~ 공과금 퍼가요~ 월세 퍼가요~' 등 문자 공지나 통장 정리가 끝나면 어느새 봄날처럼 찬란했던 통장 잔고는 초겨울 나뭇가지의 휑한 모습처럼 텅 비어 버린다. 이제 또 한 달간의 지출은 무엇으로 해야 하나? 각종 경조사도 많고, 부모님 용돈도 드려야 하는데…….

심란한 마음에 일이 손에 잡히지 않지만 그럼에도 마음을 가다듬고 다음 달 돌아올 찬란한 그분을 맞이하기 위해 다시 업무에 매진한다.

우리는 왜 일을 하고, 회사에 다닐까? 자아 성취를 위해서? 1000원 한 장이라도 없다면 살아가기 힘든 자본주의 사회에서 돈을 벌기 위해서? 물가는 왜 이렇게 비싼지 모르겠다. 점심 한 끼를 먹으려 해도 저렴한 메뉴가 6000원대이다. 그나마 회사 식당이 있다면 다행이지만, 식비 지원이 되지 않는 직장인들은 개인당 7000~1만 원을 내고 점심 한 끼를 해결한다. 여기에 의복비, 식비, 생활비 등이 더해지면 생활고가 시작된다. 적금은 많이 넣지도 못했는데 말이다. 부양가족이 있는 경우라면 당연히 더 많은 돈이 필요하다. 내 집 마련에 들어간 대출금과 자동차 할부금, 아이들에게 들어가는 생활비와 교육비까지, 돈 나갈 데는 정말 많다.

살아간다는 것은 끊임없이 숙제를 풀어 가는 과정이기도 하다. 이를 증명하듯 한 가지 문제를 해결하면 그것으로 끝나는 것

지금 다니는 직장에서 행복해지는 법　　　　　　　　　　　　　　**Part 2**

이 아니라 계속 생긴다. 인생은 두 가지 문제를 해결하면 세 가지 문제가 다시 생기고 또 간신히 해결하고 나면 열 가지 문제가 눈앞에 펼쳐지는 그런 과정의 연속이다. 우리는 우리에게 끊임없이 주어지는 숙제를 해결하기 위해 돈을 벌고 일을 한다. 그래서 '내가 돈을 많이 벌게 된다면' 하고 항상 상상하는 것이다. 풀어야 할 숙제를 말끔히 해결하고 자유롭게 살기 위해서 말이다.

SK그룹 계열사에서 근무하는 46세 M부장은 과거 자신이 받았던 연봉과 전직 후의 연봉을 무심코 비교해 본 후 깊은 회의감이 들었다. 그는 더 넓고 주거환경이 좋은 집으로 이사 가고, 중학생인 아들을 대학에 보내고, 나이 드신 부모님께 용돈을 보내고, 아내에게 더 좋은 것을 해 주면서 사는 물질적으로 여유로운 삶을 꿈꾸었다. 생각해 보면 더 많은 돈을 벌기 위해 시작했던 이직 행각이었다.

하지만 결과는 실패였다. 그의 첫 직장은 삼성그룹이었다. 그는 삼성그룹에 있을 때 연봉이 2400만 원이었고, LG그룹 계열사로 이직해 기본급 3100만 원을 받았다. 영업 인센티브를 더하면 연봉이 1억 원을 넘던 시절도 있었다. 세상이 모두 그에게 굽신거리는 것 같았고 자신은 무엇을 하든지 잘될 것만 같았다.

그렇게 3년 넘게 근무하며 지내던 어느 날, 술자리에서 외국계 생명보험회사에 다니는 친구가 자신의 월급통장을 보여주었다. 통장에는 1억 원이 찍혀 있기도 했고, 적게는 4000만 원 혹은 5000만 원이 월급으로 입금되어 있었다.

'세상에! 나는 1년간 미친 듯이 일해도 1억 연봉인데 나보다 잘난 것도 없던 인간이 돈을 저렇게 많이 벌어?'

M부장은 돈을 많이 벌겠다는 전의에 불타, 퇴사한 후 외국계 생명보험회사에 입사했다. 사실, 그동안 회사에서 자신을 지독하게 괴롭히던 상사가 꼴도 보기 싫던 차였다. 더 이상 견딜 수 없다고 느낄 때쯤 많은 돈을 벌 수 있다는 달콤한 제안이 온 것이다. 주변의 걱정과 회사의 잔류 요청에도 그는 개의치 않았다. 돈을 많이 버는 지름길을 외면할 이유가 없는 것 같았다. 입사만 하면 억대 연봉 신화를 당장에라도 달성할 것 같은 확신이 들었다.

하지만 내부 사정을 제대로 알아보지 않고 금전적 보상만을 바라보고 들어간 그에게 회사가 알려 주지 않은 진실이 있었다. 바로 이탈리아 경제학자 빌프레도 파레토^{Vilfredo Pareto}가 주창한 20 대 80 법칙이다. 세상은 잘나가는 20퍼센트가 전부인 것처럼 보여 주지만, 실상 대부분의 사람은 평범한 80퍼센트에 속해 있다. 더군다나 보험회사 영업사원의 경우 20퍼센트가 아니라 2퍼센트만이 한 달에 억대의 월급을 받는다. M부장의 친구는 2퍼센트에 속하는 소수자였을 뿐이었다. 처음 반 년은 지인들의 도움을 받을 수 있었고 월급이 많이 들어오는 것 같았다. 하지만 월급이 500만 원이더라도 이 중에 영업비로 지출되는 돈이 대부분이었다. 돈이 모이기는커녕 실적을 위해 명의를 빌려 역으로 자신의 돈을 채워 넣는 상황에 이르렀다.

그는 1년쯤 근무하다가 몸도 마음도 지쳐 보험회사를 퇴사해 중소기업으로 이직했다. 그러나 그곳에서도 적응하지 못하고 다시 외국계 기업으로 이직했다. 이렇게 이직의 악순환을 거듭하던 어느 날, 무심코 신문을 펼쳤다가 뒷골이 띵하도록 답답해지는 느낌에 입에 담배를 물었다. 그가 과거에 퇴사했던 삼성그룹 계열사가 당시 우리나라 평균 연봉 중 가장 높은 연봉을 받는 곳이라는 기사였다. 뿐만 아니다. 이직 결심에 불을 지핀 자신을 괴롭히던 상사는 그의 이직 이후 1년 만에 퇴사했다. 이제 와서 깨달은 진실이 있다면 인간관계 때문에 이직한다는 건 어리석은 일이라는 사실이다. 그 사람만 피하면 일할 맛이 날 것 같아 이직해 봤자 다른 회사엔 또 다른 면에서 그 상사보다 더 자신과 맞지 않는 사람이 반드시 있다.

시간이 지나 돌아보니 그의 입사 동기들은 벌써 삼성에서 임원급이 되어 있다. 여러 직장을 돌고 돌아보니 과거 적은 연봉이라 생각했던 그곳이 가장 안정적이고 최고의 대우를 해 주는 직장이었던 것이다.

그는 남보다 빨리 돈을 벌어 은퇴해 여유로운 노년을 보내고 싶었다. 그 조바심은 이직을 부추겼고 결국 더 오랜 시간 회사에서 일하게 만드는 결정적 이유가 됐다. '높은 연봉'은 꾸준한 훈련 기간을 거쳐 전문성을 발휘할 수 있을 때 자동적으로 받게 된다. 만약 충실히 자신의 전문성을 쌓아 나갔다면, 그는 지금보다 훨씬 많은 월급과 편안한 근무 조건에서 일할 수 있었을 것이다.

안정적인 월급의 소소한 행복을 무시하지 마라

M부장처럼 쓸쓸히 담배 연기를 내뿜으며 화려했던 과거를 추억하고 후회해 봤자, 이미 지나간 시간일 뿐이다. 왼쪽에서 오른쪽으로 한 걸음만 걸어가도 이미 왼쪽은 과거가 된다. 지나간 일에 대해 후회해 봤자 돌이킬 수 없다. 20여 년간 이직을 감행해 가며 그가 깨달은 것은 많은 월급을 받기 위해 살아가기보다는 꾸준하고 안정적인 월급을 받으며 평범한 삶을 살아가는 것이 가장 편안하면서도 어렵다는 것이었다.

남들과 다르게 살기는 쉽다. 남들이 살지 않는 방향으로 살아가면서 손가락질을 당하건 말건 신경 쓰지 않고 살면 된다. 오히려 남들만큼만 평범하게 사는 것이 훨씬 어렵다고 느껴질지도 모른다. 평범한 남들처럼 살아가는 삶의 기준에서 벗어나지 않기 위해 우리는 매일 일정한 시간에 일어나 아침밥을 먹고 출근하며 점심 먹고 일하다가 퇴근하고 잠자는 일상을 반복한다. 하지만 일상이 없다면 미래도 없다. 그리고 개미처럼 성실한 직장인이 없다면 사회도 운영되기 어렵다. 적은 월급이지만 묵묵히 실무자로 일하는 삶은 가치 있다. 사장이나 임원처럼 엄청난 연봉을 받지만 위험을 감수하며 중요한 결정을 내리고 진두지휘하는 역할을 하는 이는 소수면 족하다. 모두가 지휘를 하고자 나선다면 오히려 문제가 될 것이다.

사회가 불안정할수록 안정에 대한 욕구도 커진다. 왜 그럴까? 사회가 빠르게 변할수록 그 속도를 따라가자니 힘이 들기 때문이다. 변해 가는 세상 속에서 자리 보존을 하고 그저 꼬박꼬박 들어오는 월급으로 생계를 유지하고 싶은 자기보호의 욕구가 생긴다. 특히 우리나라는 변화의 속도가 다른 나라보다 더 빠른 것 같다. 1년 전에 구매한 휴대폰은 금방 구형이 되고, 3개월 전에 구매한 전자 제품을 뒤로한 채 바로 신형이 등장한다. 변해 가는 속도를 무시할 순 없지만 이를 모두 따르려다가는 힘에 겹다. 그래서 많은 이들이 미래에 유망한 직업을 찾기보다는 지금 당장 안정적 직업을 찾는 데 혈안인 것 같다.

하지만 반드시 기억할 것이 있다. 한 가지 일을 오래 하는 것은 그 사람의 끈기와 전문성을 입증하기 때문에, 받게 되는 보수도 많아지게 된다는 점이다. "공부를 못하면 기술이라도 배워라. 그러면 평생 밥벌이는 할 수 있다"는 어른들의 말도 일리가 있다.

　당신이 지금 하고 있는 업무를 20년간 매일 두 번씩 똑같이 해 왔다고 한번 생각해 보라. 눈감아도 그 일을 해낼 수 있을 만큼 능숙한 일 처리와 빠른 손놀림이 가능하지 않겠는가? 그게 당신의 능력이 되고 스펙이 되는 세상이다.

　현재 직업 선호도 상위권에 들고 배우자 직업 선호도에서도 인기 있는 직업은 공무원이다. 하지만 공무원의 초봉은 매우 낮다. 그런데 공무원은 해고될 염려 없이 본인이 퇴사하지 않는 한 오랜 기간 일할 수 있다는 장점이 있다. 꼬박꼬박 제날에 들어오는 월급으로 일상생활이 가능해진다. 쌀을 사고, 옷도 사고, 한 잔의 향긋한 커피를 사 마실 수 있고, 책도 구매할 수 있다. 그래서 안정을 바라는 이들이 공무원이 되고자 잘 다니던 직장을 그만두기도 한다.

　소박한 행복을 선택하느냐, 많은 급여와 불안정한 미래를 살아가느냐는 개인의 선택이다. 단, 욕심을 버리면 세상 부러울 게 없어질지도 모른다. 돈이 많건, 돈이 없건 사람 사는 모습은 다 비슷하다. 가지지 못한 것을 바라기보다 가진 것에 만족해보자. 많은 돈을 바라면서 현실에 불만족하기보다는 적은 금액이지만 오늘 통장에 들어오는 안정적인 월급에 행복해하고 만족하며 감사하는 건 어떨까? 출근하는 것이 그렇게 싫지만은 않을 것이다.

내 길이 아닌 회사에서
내 길 찾는 법

나는 누구이고 여긴 어디인지 혼란스러울 때

눈이 너무 많이 내려서 모든 게 하얗게 보이고 원근감이 없어지는 것을 '화이트아웃 현상'이라고 한다. 이런 현상은 일하다가 나타나기도 한다. 열심히 일한다고 했지만 아무런 성과가 없고 자신의 진로가 맞는지 맞지 않는지조차 판단되지 않을 땐 정말 혼란스럽다.

자신이 목표로 했던 길이 옳다고 생각하고 죽어라 일했지만 결국 처음 생각과는 전혀 다른 위치에 있을 때, 그때 드는 낭패감이란 이루 말할 수 없을 것이다. 바로 일에서 생기는 화이트아웃 현상이다. 더군다나 더 이상 길을 찾을 방법이 없다는 생각마저 들면 좌절감을 넘어서 포기하고 싶은 마음이 들기도 한다.

자동차 부품회사에 근무하는 J상무는 막다른 길 앞에서 만나는 화이트아웃 현상을 피해 다른 길을 찾아다닌 적이 있다. 군인을 꿈꿨던 그는 고등학교 졸업 후에 직업군인으로 근무했다. 그는 매일 똑같은 일상이 반복되는 단조로운 생활과 지독한 위계질서, 상명하복의 문화에 지쳐 창의적인 일을 하고 싶었다. 마침 당시는 올림픽이 끝난 직후였고 장교 출신 직원을 채용하기 원하는 회사가 많았다.

그는 군대를 나와 신입사원 공채로 대기업에 입사했다. J상무는 군대와 관련된 영업을 하고 싶었지만 입사할 때 치른 토익 시험에서 930점을 받아 전체 2등을 하여 해외구매팀에 발령받았다. 본인 의지와는 상관없는 발령이었지만 대기업이니 버텨보자는 생각으로 7년을 근무했다. 해외 출장을 가면 시차 적응도 어려웠다. 음식도 입에 맞지 않고 말도 잘 안 통했다. 하지만 영업직을 통해 느끼는 성취감이 좋았고, 다양한 나라의 문화를 접하는 것이 즐거웠다. 어느 정도 일에 보람을 느끼던 차에 IMF 상황이 되어 안타깝게도 사업부가 폐지되었다. 하지만 입사 당시 받았던 높은 영어 성적 덕분에 그는 구조조정을 당하지 않았고 회사에 남을 수 있었다.

　J상무는 소프트웨어 개발팀에 발령이 났다. 정적인 연구소 분위기에 숨이 막혔지만 참아 가면서 근무했다. 그는 어느 날 본사 마케팅 팀장이 동행한 회식 자리에서 사회를 맡게 된다. 그가 재미있게 분위기를 이끌어 갔더니 '본사 마케팅팀에서 근무할 생각이 있는지' 그에게 의사를 물어왔다. 사회를 보면서 한 사람도 소외되지 않게 배려하는 모습이 기획 일을 하기에 적합할 것 같다는 이유였다. 그래서 그는 기획부에서 일하게 되었다.

　그의 활발한 성격은 홍보팀 팀장의 눈길을 끌었고 다시 홍보 일을 하면 좋지 않겠냐는 제안을 받게 되었다. 그는 눈앞이 하얘졌다. '나는 영업 일이 하고 싶어서 들어온 사람인데 홍보 일을 하라니. 말도 안 돼. 영업직으로 옮겨 주지 않으면 그만둬야지.'

　J상무는 생각대로 영업으로 전환시켜 주지 않자 퇴사했다. 그후 LG그룹 계열사 영업직으로 옮겼다. 그가 생각한 인생의 전환점이자 황금기였다. 수년간 돈도 많이 벌며 물 만난 물고기처럼 신 나게 일했다. 하지만 함께 일하던 중소기업에서 직급을 올려 주고 더 많은 월급을 준다는 제안을 하자 마음이 흔들렸다. 달콤한 제안에 넘어가서 중소기업에 입사했지만 그의 기대는 여지없이 무너졌다. 밖에서 보던 사장의 태도는 회사 안에서 180도 달랐다. 대기업에서 갑의 처지에서 보던 사람을 직원이라는 을의 입장에서 대하게 되니 그럴 수밖에 없었다. 그는 그 직장에서 버

티고 버티다 결국 2년 뒤 퇴사했다.

'대체 나는 어디까지 와 있는가?' 하는 깊은 의문이 생겨 1년간 휴직 상태에 있었다. 그러던 어느 날 자전거를 타다 사고를 당해 오랜 시간 병상에 누워 있게 되었다. '대체 나는 누구이고 여긴 어디이며 어떻게 살아가야 하는가? 내 인생의 화이트아웃은 어디까지일까? 그저 잘살아 보려고 노력한 것밖에 없는데, 어디서부터 어떻게 잘못된 것일까?' 회의감이 물밀 듯이 밀려왔다. 그는 한숨을 쉬면서 다음과 같이 말했다.

"내 길이 아닌 줄 알고 내내 돌아왔던 그 길이 바로 내 길이었더라고요. 아마 군대에 남아 있었다면 친구들처럼 장교가 되었을 것이고, LG에 있었어도 임원은 하지 않았을까요? 남들은 하고 싶은 일 다 해 봤으니 얼마나 좋으냐고 부러워하지만, 사실 연봉도 한 분야의 전문가가 아니기 때문에 그만큼 덜 받았어요. 한 분야에서 오래 버틸 걸 그랬어요."

나이 50세를 넘기고서야 처음 자리에서 버티는 게 자신의 길이었다는 걸 깨달은 J상무는 "지금부터라도 현재 다니고 있는 회사에서 정년퇴직할 때까지 버틸 거예요"라고 멋쩍게 웃으면서 말했다. 이리 단순한 진리를 왜 그렇게 오랜 시간이 지나서야 깨달은 것일까?

판단하기 어려울 땐, 일단 멈추어라

J상무가 과거에 겪었던 시행착오를 현재 겪으면서 살고 있는 이도 있다. 1년 차 신입사원 E씨는 요즘 입맛도 없고 밤잠도 제대로 이루지 못한다. 연이은 취업 실패에 자신감을 잃은 탓이다. 그러던 중에 학교 취업센터 게시판에서 기업교육 회사의 채용공고를 보게 되었다. '이곳에 가면 창의적이고 발전적인 업무를 할 수 있겠구나'라는 희망에 부풀어 회사에 지원했다.

까다로운 역량 면접과 임원 면접을 거쳐 입사했고 시간은 정신없이 흘러갔다. 하지만 업무가 익숙해질수록 심장에 돌이 얹힌 듯 답답해졌다. 외국계 기업이었지만 임원진들의 성향에 무조건 맞추어야만 했고 회사는 보수적으로 운영되었기 때문이었다. 개방적이고 창의적인 성향에 거시적인 성과를 지향하는 E씨는 어렵게 입사한 회사였지만 회사 문화가 자신과 맞지 않자 너무 괴로웠다. 하지만 집이 지방에 있어 회사 기숙사에서 생활하고 있는 상황에 여윳돈도 없어 당장 직장을 관두고 새로운 곳으로 이직하는 것도 쉬운 일은 아니었다.

선배들의 말을 들으니 이직 시 적어도 한 직장에서 3년 정도는 근무해야 경력으로 인정받는다고 했다. 그는 답답한 분위기 속에서 적성에 맞지 않는 일을 하자니 너무 괴로웠고, 당장 그만두자니 눈앞에 닥친 현실이 막막했다. 어떻게든 마음을 다잡고자 최근에는 마케팅 방안을 새로 수립하여 제시해 보았으나, '가벼워 보인다'는 이유로 제안은 수락되지 않았다. 그는 취직하기 전 꿈꾸었던 커리어와는 전혀 다른 상황에서 이러지도 저러지도 못하며 시간을 보내고 있다는 사실에 자책감이 들었다. 벌써 현실과 타협하는 자신이 한심하게 느껴지다가도 '그냥, 적당히 이렇게 살다 보면 잘리지도 않을 거고 편할 테니'라며 자기합리화를 반복하느라 밤에 쉽사리 잠들지도 못했다.

J상무는 E씨에게 "자기합리화를 하는 것이 자책보다는 낫습니다"라고 조언한다. 남들과 다르게 살아 보려고 20년간 방황했던 그는 어느 자리에 있건 가장 중요한 건 마음가짐과 자신에게 주어진 일을 대하는 태도라는 사실을 깨달았기 때문이다. 어느 자리에서건 자신이 적응할 만한 이유들을 최대한 생각하여 노력하면 그 일이 최선이 된다는 게 그가 깨달은 진리였다.

누구나 이상과 현실의 괴리감으로 힘들 때가 있다. 어떤 직업이나 밖에서 바라보는 것과 실제 체험했을 때의 느낌은 다르다. 세상에 힘들지 않은 일은 없다. 하다못해 놀고먹는 백수도 지루함에 힘들어한다. E씨와 같이 '이 직장이 내게 맞지 않는다'는 이유로 이직하고 싶지만 경력과 실력이 부족한 상황에서 당장 그만둔다는 건 그저 답답함이 싫어서 도망치는 현실도피일 뿐이다. 만약 다른 창의적인 회사에 입사했다 하더라도 분위기는 창의적이지만 언제 도산할지 몰라 불안하다는 생각에 퇴사할지도 모른

지금 다니는 직장에서 행복해지는 법

다. 또 다른 회사에 입사했다가 창의적이면서 답답하지도 않은데 월급이 적어 퇴사할 수도 있다.

이런 상황을 반복하다 보면 결국 평생 1년 차 신입사원의 역량에 머무르게 된다. 게다가 현실적으로 신입사원으로 입사 가능한 나이는 제한이 있다. 한번 생각해 보라. 칼로 생선 손질하는 일을 한다고 가정하자. 들어온 지 1년밖에 안 되어서 칼도 몇 번 잡아 보지 못한 신입사원에게 바로 생선 손질을 맡기겠는가, 아니면 몇 년간 연습생 시절을 거쳐 칼 다루는 것에 능숙해진 사원에게 맡기겠는가?

자신의 상황을 냉정하고 객관적으로 돌아보고 어떻게 하는 것이 가장 현명한지 잘 판단이 서질 않는다면 지금 당장 결론 내리려 하지 마라. 충분한 시간을 통해 차분히 객관적으로 자신의 역량과 미래의 목표를 생각해 보라.

지금 당장 하는 일이 익숙하지 않다고 해서 그 일을 회피하거나 자신의 적성에 맞지 않는다고 단정하지 말자. 흐르는 바람에 몸을 맡기듯 여유를 갖고 생각해 보라. 가만히 바람의 소리를 듣기 위해 마음을 가라앉히듯 자기 내면의 소리를 들어 보려 노력하는 것이 좋다. 단지 현실에서 도망치고 싶은 것은 아닌지 냉철하게 판단해야 한다.

지금 필요한
스마트한 경력 관리

지금 다니는 직장에서 행복해지는 법

이직은 마음만 먹으면 쉽게 할 수 있다?

'그냥, 갑자기 퇴사하고 싶은 충동이 들었다'는 B씨가 고민 상담 게시판에 올린 글에서 "3개월짜리 경력을 써야 하나요?"라고 질문했다. 이에 교육 컨설팅 회사에 근무하는 인사담당자 C부장은 다음과 같이 답변했다.

"왜 그렇게 다들 이직이 쉽다고 생각할까요? 지원하는 이들의 이력서를 보면 아주 기가 막힙니다. 경력 관리에 신경을 쓰지 않는 사람들이 생각보다 많아요. 경력 1년 미만은 이력서 상에 기재하지 않는 편이 좋습니다. 차라리 회사에 다니지 않는 공백 기간 동안 경력을 위한 자기계발에 시간을 투자했다고 하는 게 플러스 요소로 작용합니다. 일단 1년 미만의 경력을 쓰면 끈기가 없어 보여 단점으로 보일 수 있습니다. 우리 회사에 와서도 금방 관두고 나갈 것 같은 이미지를 주게 되죠. 3개월짜리 경력은 왜 쓰는지 모르겠어요. 설상가상으로 1년 미만의 경력 이력이 네댓 개가 나열되었다면…… 어휴."

그는 사람들이 왜 이렇게 쉽고 가볍게 이직을 생각하는지 이해할 수 없다고 말했다. 한 번쯤 자신이 자신의 이력서를 읽는 인사담당자라고 생각해 보면 답은 쉽게 나온다. 단순히 지금 다니고 있는 회사가 싫다는 이유 하나만으로 준비 없이 이직한다면 더 큰 낭패를 보게 된다.

기업마다 조직 문화는 다르다. 근무하고 있는 직원들 간에 이미 형성되어 있는 유대 관계와 문화가 있고, 새로 들어온 사람에 대한 기대와 냉정한 시선도 있다. 기존에 형성되어 있는 문화에 빨리 적응하고 다른 조직원들과 원만하게 지내기 위해서는 많은 노력이 필요하다. 당신 역시 지금의 회사에 입사한 초기엔 적응하기 위해 많이 노력했고 시행착오를 겪었을 것이다. 하지만 이직하면 원만한 인간관계를 형성하고 업무 능력을 입증하는 데 그 노력의 배 이상을 투자해야 한다. 더군다나 1년 미만의 경력은 이런 모든 조직 문화 적응에 실패한 사람처럼 보이기 쉽다. 직원들의 이직이 비교적 잦다는 온라인 쇼핑몰 업계에서도 1년 미만의 전직 경력을 가진 사람은 채용하길 꺼린다.

경제학을 전공하며 스타일에 관심이 많았던 한 대학생이 있었다. 그는 70만 원으로 자신의 방에서 온라인 쇼핑몰 '멋남'을 창업했다. 그리고 곧 '멋남'을 남성용품 쇼핑몰 업계 1위의 회사로 이끌었다. 지금은 매출액 200억 원을 달성하는 초고속 성장 신화의 주인공이 되었다. 바로 ㈜부건에프엔씨 박준성 대표의 이야기이다. 그는 30대 초반의 젊은 나이에 직원 120여 명을 둔 어엿한 중소기업의 대표가 되었다. 그는 3개월이나 6개월 경력을 가진 이들은 채용을 꺼린다고 말한다. 대신 동종 업계 혹은 다른 업계의 경력 사원 중에서 한 회사에 오래 근무하며 많은 경험을 쌓은 사람을 채용한다. 동종 업계는 아니어도 상관없지만 오랜 경력은 그 사람의 끈기와 성실성을 나타내기 때문에 중요하다는 것이다.

통상 사회적으로 경력직 지원 시 전직은 몇 번까지 용인될까? 업종과 분야에 따라 다르겠지만 업무 형태를 떠나 사람이 하는 일이라는 맥락은 같을 것이다. 비교적 이직이 활발하게 이루어지는 금융계에서 외국계 증권사 인사팀 K부장의 의견을 정리하면 다음과 같다. 시니어 포지션처럼 오랜 경력을 요구하는 경우와 신입 2~3년 차인 경우는 다르다고 한다. 어쨌든 너무 자주 이직한 것은 좋지 않다. 외국계는 이직이 많지만 그래도 주니어인 경우라면 3년 이상, 시니어라면 5년 정도는 한 직장에 머물렀던 사람이라야 경력으로 인정한다. 너무 자주 직장을 옮기면 전 회사에서 문제가 있었던 사람으로 여긴다. 회사가 문을 닫았거나 합병되었다거나 하는 외부적 요인이라면 이해하지만 자신의 의지에 따른 잦은 이직은 경력 관리에 도움이 되지 않는다는 것이다.

㈜삼성전자 인사팀에서도 너무 많이 이직한 지원자는 회사가 필요로 하는 분야의 전문성은 약하다고 판단한다. 예를 들어 중소기업에서 5년간 일했다면 ㈜삼성전자에서는 3년 정도만 경력으로 인정한다. 어차피 입사 후 조직 문화에 적응해야 하고 현업에 대한 실무 과정을 다시 배워야 하기 때문이다. 예외적으로 박사급 정도라면 전문성을 인정해 공부했던 기간을 경력으로 인정해 주며 통상적으로 과장급 정도의 대우를 받게 된다(계열사와 조직마다 편차가 있을 수 있다). 한 분야에서 전문성을 쌓기 위해 10여 년의 기간은 필요하기 때문에 그 정도의 경력은 인정되는 것이다.

한 취업 포털사이트의 C이사에 따르면, 우리나라의 채용 시장은 1997년까지만 해도 완전고용 형태에 가까웠다고 한다. 첫 직장만 잘 선택하면 62세 은퇴까지 안전하게 다닐 수 있었고, 근무 연차가 쌓이면 자동으로 승진했고, 줄만 잘 서도 빨리 앞설 수 있었으며 눈높이를 조절하면 어디든 갈 수 있었던 것이다. 하지만 완전고용 시장은 능력 중심의 시장으로 바뀌었다. 계속 새로운 능력과 가치를 선보이길 바라는 고용 시장에서 버틴다는 것은 보통 어려운 일이 아니다.

특히 젊은 세대에게는 자신의 가치와 자아실현이 더 중요하다는 인식이 강하기 때문에, 조직 문화에 적응하기 위해 자신을 맞추어야 한다는 현실 적응은 더욱 어렵다. 그래서 경력 1년 미만의 신입사원들이 많을지도 모른다. 하지만 아무리 시대가 변하고 가치관이 달라졌다고 해도 조직 생활에서 요구되는 자질은 변함없다. 원만한 인간관계 속에서 조직의 목표와 성과를 달성하는 것이 최우선이다. 그러니 조직을 탓하지 마라. 자신의 부족함부터 돌아보아야 한다.

첫 직장에서 최소 3년은 버텨라

㈜LG그룹의 인사담당자 P과장도 일반적인 경력직의 최소 인정 연한을 3년이라고 말한다. 그뿐만 아니라 그와 함께 일하는 인사팀 실무담당자들도 3년 미만에 이직하는 경우는 별로 좋게 보지 않는다. 예를 들어 10년 근무에 3번 이상 이직한 경우엔 감

점도 각오해야 한다. 실제로 아무리 해당 분야에 적합한 경력 또는 스킬을 보유하고 있다 하더라도 이직 이력이 많으면 채용하지 않는 사례가 많다.

경력이란 일하고 있는 분야에서 누적된 개인의 경험을 의미한다. 꾸준히 한 가지 분야에 집중하여 그 분야에서 종사하는 행위가 바로 경력이 되고 자기계발이 되며 스펙이 된다.

회사에서 경력직을 채용하는 이유는 지금 당장 필요한 업무를 해낼 사람을 원하기 때문이다. 이를 위해 비용을 내는 것이다. 이는 대부분의 인사담당자들이 입을 모아 이야기하는 공통된 의견이다.

신세계 백화점 디자인 담당 콘텐츠 디렉터 신혜연 씨도 "경력자 채용 시 1년 이하의 경력만 나열된 이력서는 채용 고려 대상이 아닙니다"라고 말한다. 아무리 그 회사의 문화와 맞지 않더라도, 포악한 상사가 괴롭힐지라도 이를 악물고 최소 3년은 버텨야 경력으로 인정받을 수 있다. 어차피 일의 속성은 비슷하다. 따라서 적어도 3년은 한 회사에서 버틸 수 있어야 전혀 다른 분야에서 근무를 희망하더라도 채용하여 일을 가르쳐 나갈 수 있다고 생각하기 때문이다.

그렇다고 해서 미래에 자신이 나아가고자 하는 방향과 전혀 다른 직장이라는 판단이 드는데도 무조건 버티라는 의미는 아니다. 현재 근무하는 회사에서 왜 일하는지에 대한 목적성과 어떻게 살아가야 할지 방향성이 보이지 않는다면 그것을 구체화 시킬 때까지 일해 보는 것도 좋다. 세상에 어떤 일도 100퍼센트 좋기만 하거나 나쁘기만 한 것은 없다. 만약 확신이 들지 않거든 종이를 한 장 펼쳐서 '이직해야 하는 이유, 현 회사에 남아야 하는 이유'를 자세히 한번 적어 보라. 한쪽의 이유가 다른 한쪽을 월등하게 넘어선다면 그쪽을 따라가는 것이 당연히 옳다.

당신의 인생은 누군가 대신 살아 주지 않는다. 그러니 보다 마음이 가는 쪽을 선택하라. 하지만 지금 현재 직장이 첫 직장이라면 이직해야 하는 이유가 명확해질 때까지만이라도 버티는 게 좋다. 단지 일 때문에 버텨야 하는 건 아니다. 모든 일은 속성을 알고 나면 더 어려워지는 법이다. 연애는 어렵지만 결혼은 더 어렵고 결혼보다 이혼은 더 어려운 과정인 것처럼 말이다. 취업이 어렵다고들 하지만 이직은 훨씬 어렵다고 생각해야 한다.

지금 힘들어도 조금만 더 버텨 보자. 지금은 스펙보다 빛나는 경력을 쌓아야 할 때다.

**04 <u>사표는</u>
나중에 써도 돼**

고민을 쌓지 말고 경력을 쌓아라

당신이 패션 업계의 스타라고 가정해 보라. '런던-밀라노-파리-뉴욕'으로 이어지는 패션위크 스케줄이 단지 당신의 일정 때문에 '뉴욕-런던-밀라노-파리'로 바뀌었다. 그 이유는 당신이 '뉴욕 컬렉션'을 가장 먼저 보고 싶어 했기 때문이다.

당신이 나타나지 않으면 세계 4대 패션쇼가 시작되지 않으며, 프라다 컬렉션을 보고 "좀 무거운 느낌이네요"라고 한마디만 해도 원단 자체를 모두 교체한다. 언제나 당신은 화려한 신상품을 가장 먼저 접하고, 연봉은 20억 원쯤 되며 헤어, 의상, 호텔, 최고급 세단, 비서, 운전기사 등 모든 것은 회사에서 무료로 제공된다. 어딜 가더라도 화려한 스포트라이트를 받고, 유명인들을 만나면서 살아간다. '이렇게 인생을 살아갈 수 있다면 악마에게 영혼을 팔아도 좋다'라고 생각하는 이들이 많을 것이다(나 역시 과거에는 그랬다).

위의 이야기는 미국의 패션지 〈보그〉의 편집장 안나 윈투어 Anna Wintour의 실제 이야기이다. 그녀는 패션위크 일정에 맞추기 위해 딸도 유도 분만을 통해 출산할 정도로 지독한 워커홀릭이었다. 그녀 밑에서 어시스턴트를 했던 경험을 토대로 쓴 로렌 와이스버거 Lauren Weisberger의 소설《악마는 프라다를 입는다》는 돌풍을 일으켰다.

나 또한 '한 번 사는 인생, 이왕이면 안나 윈투어 같이 살아야지'라고 생각한 적이 있었다. 그녀처럼 화려하고 멋진 삶을 꿈꾸었다. 하지만 그녀의 성공만을 원했지 밑바닥 업무인 어시스턴트부터 시작하여 그 위치에 이르렀다는 사실까지는 굳이 떠올리고 싶지 않았던 것 같다.

나는 20대에 허황된 꿈 때문에 한 직장에서 오래 버티지 못하고 도망치듯 퇴사하곤 했다. 스타일리스트가 멋있어 보여 신사동에 위치한 한 회사에 입사한 적이 있다. 하지만 매일 여러 브랜드를 돌면서 옷을 협찬 받아 오고 손상되지 않게 관리하면서 눈에 보이지 않는 온갖 허드렛일을 하는 직업이란 걸 알고 이틀 만에 퇴사했다. 디자이너가 멋져 보여서 니트 디자인실 막내 디자이너로 입사했지만, 동대문 원단 시장에 가서 샘플 원단을 구해 오고 공장에 가서 작업을 지시하는 일이 재미없었다. 가끔 TIME타임, MICHAA미샤 같은 브랜드에서 본사와 협력사 직원들을 대상으로 1년에 두어 번씩 하는 백화점 패밀리 세일을 이용하는 것만이 즐거웠을 뿐이다.

당시 나는 고가 브랜드의 코트나 블라우스 등을 모두 패밀리 세일을 통해 구매했고 만족스러워했다. 서초동 MICHAA 사옥에서 이월 상품을 아울렛처럼 파격적인 가격에 판매하면 100만 원도 안 되는 월급을 탈탈 털어 옷을 사 입곤 했다. 그뿐만이 아니라 각 브랜드 디자인실에서 샘플 상품으로 만들었던 옷들을 판매하는 '샘플 세일' 기간도 열심히 활용했다.

패션 업계에서 근무했던 시절, 내가 하는 일은 초라했지만 겉모습은 화려하기 그지없었다. 이후 파티플래너가 되고 싶어 성신여자대학교 문화산업대학원 교육 프로그램에 파티 프로듀서 과정 1기로 입학하며 패션계를 떠나게 되었다. 파티에 대한 경험은 없었지만 고객들을 만족시키고 내가 기획한 파티로 기뻐할 수 있다는 사실이 좋았고 왠지 멋있어 보여서 더 만족스러웠다.

파티플래너가 되고 나서는 더욱 화려하게 살아갔다. 패션쇼 파티, 영화제 데커레이션, 프러포즈 파티, 클럽 파티 등을 기획하고 진행하며 단 하루의 파티를 만들기 위해서 밤을 새는 일도 잦았다. 파티플래너는 영화감독처럼 행사장에서 일어나는 모든 것을 다 주관해야 한다. 그래서 기획, 홍보, 마케팅은 물론이고 음식, 와인, 문화, 매너, 트렌드, 시사, 교양, 음악, 꽃, 풍선 등 실로 다양한 것들에 대한 지식이 필요했다. 물론 공부해 나가는 과정도 정말 재미있었다. 단 하루의 파티를 위해 팀원들끼리 몇 달을 준비하며 운동화에 청바지 차림으로 일하다가도 파티 당일이 되어 메이크업을 받고 머리를 단장하고 드레시한 옷을 입고 행사장에서 진두지휘를 하고 있노라면 전장에 나간 장군처럼 뿌듯한 기분마저 들었다.

하지만 그런 즐거움에 파티 사업을 벌였지만 6개월 만에 실패했다. 이후에도 나는 와인 마케팅, 광고대행사, 전시기획자 등 사람들을 많이 만날 수 있는 홍보, 마케팅직을 전전했다. 현재 내가 진행하고 있는 행사가 곧 나 자신이라는 착각 속에 잔뜩 자만심만 가득했던 것 같다. 가끔은 입사를 원하는 회사에서 왜 나 같은 인재를 받아 주지 않는지, 이해가 되지 않을 때도 있었다.

당시 내가 가장 자주 하는 말은 "내가 여기서 이런 일이나 하려고 들어온 게 아닌데"였다. 과거의 성과를 운운하면서 다니고 있는 회사와 은근히 비교하는 비겁한 말도 많이 했다. 그러다가 현실이 비루하단 생각이 들 때면 경력 관리의 중요성 같은 것은 생각지도 않고 쉽게 퇴사해 버렸다.

생각해 보면 나는 실력이 없었고 이를 감추기 위해 과거의 화려함으로 위안 삼았으며 이마저도 통하지 않을 땐 비겁하게 도망쳤던 것이다.

퇴사를 결심한 이유로 과거의 나처럼 '지금 하고 있는 일이 보잘것없어서' 같은 핑계를 대는 사람들이 의외로 많다. 물론 진짜 적성에 안 맞아서 더 이상 버틸 수 없는 한계점에 이른 경우라면 올바른 이직을 위한 준비 기간이 필요하다. 하지만 그 준비 기간을 반드시 퇴사하고 가져야 하는 것은 아니다. 직장 생활을 하면서도 얼마든지 이직이나 다른 업종으로의 전직을 위한 준비를 해 나갈 수 있다. 그러니 제발 이직한다면서 쉽게 퇴직부터 하지 마라.

무턱대고 쓰는 사표는 무직으로 가는 지름길이다

다른 일이 하고 싶다고 해서 무턱대고 사표를 쓰기 전에 반드시 해야 할 일이 있다. 현재 자신의 문제는 무엇인지 부족한 점은 어떤 것인지 분석해 보아야 한다. 그리고 이를 보완하고 개선한 뒤 이직하는 게 바람직하다. 생산직 업무를 하다 홍보나 마케팅 분야로 곧바로 이직할 수는 없지 않은가? 회사에서 당신이 전혀 해 보지 않은 일을 당신에게 맡길 이유는 없기 때문이다.

신세계 백화점 디자인 담당 콘텐츠 디렉터 신혜연 씨는 홍보나 마케팅 분야로 이직하고 싶어하는 사람들에게 "무턱대고 사표를 쓰고 도전하기보다는 먼저 자신을 그 업무에 적합한 사람으로 만들라"고 조언한다.

오랜 기간 잡지 에디터로 살아 온 그녀는 단순한 호기심으로 이력서를 내는 사람들을 많이 보았다. 아무리 이직이 잦은 잡지 업계라 할지라도 비정규직으로 2년간 인턴 기간을 버텨야 정규직 기자가 될 수 있다. 당연히 그동안은 선배들의 밥 심부름이나 자질구레한 업무를 도맡아 해야 한다. 선배들을 따라다니며 그들이 일하는 방식과 스킬을 배우고 글 쓰는 연습을 해야 한다.

그렇게 어렵게 고생해 가면서 2년 경력을 채우고 기자가 되고 나서는 잡지사의 특성상 밤을 새우는 일이 허다하고 잡일도 많다. 에디터가 되자마자 '파리로 화보 촬영을 위해 해외출장을 가겠지'라고 생각하는 이들에겐 충격일 수밖에 없다. 그럼에도 최신 트렌드를 접할 수 있고, 매달 결과물이 눈에 보이는 일을 하는 즐거움도 있다.

신혜연 씨는 만약 경험이 전혀 없어도 홍보 업무를 하고 싶다면 문화적인 소양을 키우라고 조언한다. 짬 날 때마다 책을 읽고, 영화를 보며, 미술 전시회를 가고, 음악 공연을 보고 쇼핑도 수시로 다니며 세상에 대한 견문을 넓혀야 한다. 홍보와 마케팅의 기본은 트렌드를 아는 것이다. 트렌드에 끌려다니는 것이 아니라 트렌드를 창조하려면 일단은 문화적 소양을 키워야 한다.

그리고 어디서 어떤 도움을 줄 수 있는 이를 만나게 될지 모르니 대인관계를 폭넓게 가져야 한다고 조언한다. 밤샘 작업이 많은 분야이므로 건강 관리를 잘해야 하는 것은 물론이다. 이 모든 것의 바탕에는 업무에 대한 열정이 있어야 한다.

서울대병원 C팀장은 경험 없는 사람이 업무를 바꾸기 위해서는 자신이 가진 강점을 드러내고 단점을 보완하여 개선해야 한다고 조언한다. 섣불리 판단하고 결론을 도출하지 말고 자신을 다각도로 조명해 보고 실험해 보면서 자기 탐험을 충분히 해야 한다는 것이다. 내가 진정으로 원하는 것이 무엇인지, 내가 좋아하는 것은 어떤 것인지, 무엇을 할 때 희열을 느끼는지 등, 자기성찰과 자기 이해를 먼저 한 다음에 필요하면 외부의 자문을 구한다. 그럼에도 그 일이 좋다면 그 일에 도전하기를 권유한다.

내가 여러 직업군을 경험하며 깨달은 사실은 '일의 외형만 다를 뿐 속성은 비슷하다'는 점이다. 가브리엘 코코 샤넬Gabrielle Coco Chanel은 "럭셔리는 빈곤의 반대말이 아니라 천박함의 반대말이다"라고 했다. 화려한 직업이란 없다. 업무의 형태가 아니라 업무에 임하는 자세가 중요하다. 다른 분야에서 일하고 싶더라도, 아직 현업에 완벽하게 능력을 펼칠 준비도 되지 않았으면서 과한 보상을 바라는 마인드부터 바꾸는 것이 우선이다. 그다음 경력이 없더라도 그 업에 대한 충분한 조사와 열정으로 극복할 수 있다는 자신감을 갖자.

무엇보다 그 업무에 적합한 사람이 되어야 한다. 무턱대고 하는 일을 바꾸겠다는 의지만으로 회사를 나갔다간, 오랜 시간 무직으로 지낼 가능성만 높아진다. 일단 눈앞에 놓인 일을 실수 없이 처리할 정도의 노력은 기울여 보자. 그 노력은 당신이 정말 해 보고 싶은 다른 일을 할 때도 분명히 도움이 될 것이다.

05 <u>출근하고 싶어지는</u> 직장 만들기

이상적인 직장은 과연 존재할까?

선임 : 너 지금 이걸 일이라고 한 거야? 생각은 하고 쓴 거야?

J 씨 : …….

선임 : 너는 전문가야. 이따위 문구를 써서 고객의 신뢰를 얻을 수 있을 것 같아? 당장 다시 해 와!

J 씨 : …….

선임 : 오늘 기업 현황 파악 나갔다 온 거 어떻게 됐어? 어느 정

도 감이 잡히나?

J 씨 : 아직은 정확히 모르겠지만 대략적으로 감이 잡힙니다.

선임 : 대략 감이 잡혀? 인터뷰 달랑 한 번 갔다 왔는데 알겠다는
게 말이 돼? 그딴 식으로 일할 거면 당장 회사 그만둬! 대
충 할 거면 내가 나가지 뭐 하러 널 보내!

자정이 훌쩍 넘은 시각, 회의실에서 신입 컨설턴트 J씨가 선
배 컨설턴트들에 둘러싸여 있다. 화면에는 J씨가 작성한 기업 분
석용 제안서가 띄워져 있다. 한 문장, 한 문장을 짚어 가며 선배
들은 내용에 대해 혹독하게 평가한다. 그는 마치 살얼음판을 걷
는 기분이다.

그가 생각했던 경영 컨설턴트는 폼 나게 일할 수 있는 엘리
트였다. 젊고 멋진 사람들이 깔끔하게 정장을 차려입고 노트북을
들고 다니며 기업의 최고경영자를 만나면서 화려하게 생활할 수
있는 이상적인 직업이 경영 컨설턴트라고 생각했다. 하지만 막연
한 기대로 입사한 그를 기다리는 것은 끝없는 야근과 선배들의
무서운 트레이닝이었다.

자신은 열심히 한다고 해도 냉정한 평가와 지적을 당하자
괴롭고 막막했다. 야근하다 새벽 4시에 화장실에 들어가 너무 서
러워서 울다가도, 졸음을 견디지 못해 졸기를 반복했다. '고단한
신입사원의 현실은 언제나 끝날까? 이상적인 직장은 어디에 있

지금 다니는 직장에서 행복해지는 법

는 것일까?' 그의 고민은 계속되었다.

까칠하지만 일 잘하고 똑 소리 나는 인재로 소문난 CJ푸드빌의 34세 J과장의 사회 초년생 시절의 기억이다. 그는 해외에서 활동하는 걸 좋아하고 나라를 위한 일을 해야겠다는 정의감으로 미국 일리노이 주립대학교에서 국제관계학을 전공하다 연세대학교 정치외교학과로 편입했다. 외무고시를 보고자 한국에 왔지만, 막상 다들 너무 치열하게 공부하는 걸 보고는 이내 포기했다. 졸업 무렵 인턴제도라는 게 유행하기 시작했고, 인턴 경력을 이력서에 넣지 않으면 취업하기가 어렵다는 생각에 KPMG 컨설팅 부문에서 인턴 생활을 시작했다. 당시 경영 컨설턴트들이 젊은 나이에도 전문성을 발휘하면서 최고경영자들을 상대하는 것을 보고 환상적인 직업이라 생각했다. 그래서 인턴이 끝나자 컨설팅 회사인 엑센츄어에 입사했다.

드디어 자신이 꿈꾸던 이상적인 세상이 펼쳐진다고 생각했다. 하지만 슬프게도 언제나 이상과 현실의 간극은 너무나 컸다. 그는 선배들에게 혹독하게 혼나가며 매일 불만과 자괴감에 가득 찬 채 근무했다. 결국 3년 차가 되자 대책 없이 회사를 뛰쳐나왔다. 남들은 일찍 퇴근해서 사람처럼 사는데, 매번 새벽에 택시로 집에 들어갔다 시체처럼 쓰러져 다시 아침에 일어나 출근하고 주말마저 일해야 하는 현실이 너무 힘들었다. 결국 이곳이 자기 인생의 전부는 아니라 여겼다. 아직은 젊고 어리니까 무엇이든 다 할 수 있을 것 같았다. 단 경영 컨설팅만 아니면 좋다고 생각했다. 그렇게 퇴사 후 몇 달간 통역 아르바이트를 하며 버텼다. 그는 자신이 딱히 무슨 일이 하고 싶은지 잘 모르는 상황이었다.

하지만 언제까지나 아르바이트로 버틸 수는 없는 일이었다. 직장을 구해야 했고 그래도 했던 일이 경영 컨설팅 업무였으므로 다시 컨설팅 전문 기업인 AT커니에 입사했다. 컨설턴트로 근무하다 5년 차쯤 되니 잊고 있던 꿈이 생각났다. '글로벌하게 세계에서 활동할 수 있는 일이 하고 싶다'는 꿈을 위해 국제 비즈니스를 하면서 전략을 수립할 수 있는 CJ푸드빌로 이직했다. 대기업으로 이직해서 업무를 하다 보니 일이 재미있다고 느껴지기 시작했다. 컨설팅 회사에서는 매번 백지 상태에서 클라이언트를 만나도 그 업계에 대해 잘 아는 것처럼 말해야 했다. 그래서 닥친 일을 어떻게든 해내던 경험이 일반 회사에 오니 임원들에게 '일을 맡겨 놓으면 뭐든지 잘한다'라는 인식을 심어 준 것이다. 그는 현재 직장에서 핵심 인재로 인정받고 있다.

"솔직히 컨설팅 업체에서 근무할 때 힘들긴 했지만 업무 전체를 보는 시각과 업무 능력을 기르게 된 것 같아요. 지금 우리 회사에 입사해 더 클 싹이 보이는 똑똑한 신입사원들에게는 3~4년 정도 경영 컨설팅 업무를 해 보라고 권유하고 싶어요. 젊었을 때 많이 즐기지 못한다는 단점이 있지만, 그렇게 열심히 일한 3년이 미

지금 다니는 직장에서 행복해지는 법　　　　　　　　　　　　　　　　　**Part 2**

래의 30년을 좌우하거든요."

이상적인 직장을 동경하기만 했던 J과장은 현재 근무하고 있는 자리를 이상적인 직장으로 만들고자 이제는 누가 시키지 않아도 주말 근무에 추가 근무까지 하며 맡은 일을 즐기고 있다. 이전에는 회사에 대해 불평만 했을 뿐이었다면, 현재는 '어떻게 하면 저 일을 더 잘 해낼 수 있을까?'라는 즐거운 고민 중이다.

불만은 더 큰 불만을 낳고 만족은 새로운 만족을 낳는다

그렇다면 과연 이상적인 직장은 어떤 곳일까? 앞서 말했듯이 누구나 들으면 알 만한 기업에, 감탄사가 절로 나올 만큼 많은 연봉을 받으면서도, 스트레스가 없는 직장일 것이다.

하지만 이런 직장이 과연 현실에 있기는 할까? 이상적인 직장이란 현실에 만족하지 못하고 개선안을 찾을 생각도 않는 이들이 궤변을 늘어놓기 위한 정신적인 현실도피처이자 판타지에 불과할지도 모른다.

그렇다면 이상적인 직장이라 손꼽히는 구글google에 근무하는 직원들은 평생 근속할까? 한국에서 가장 이름난 대기업이라 손꼽히는 삼성그룹도 매년 4~5퍼센트에 해당하는 일정한 비율의 퇴사자가 있다고 한다. 이상적인 직장을 갈구하는 것에 대한 해결 방안에 대해 삼성전자 인사팀 C과장은 이렇게 답했다.

"이상적인 직장이 아니라는 불만은 대부분의 직장인들이 다 가지고 있습니다. 저 같은 경우는 불만이 있다면 적극적으로 이야기해서 개선하라고 코칭합니다. 조직이라는 특성상 누군가 가만히 인내하고 있으면 사람들은 잘 참고 견디는 스타일로 인식합니다. 조직에서는 의견을 제시하는 사람을 더 잘 배려해 줍니다.

예를 들어 하고 있는 업무가 적성에 맞지 않아 부서를 옮기고 싶다면 면담을 통해 부서 이동 요청을 해야 합니다. 부서 이동 요청에 따른 리스크 정도는 감수해야 하겠지만요. 저희 회사는 조직 규모가 크기 때문에 부서 이동을 하는 것도 경력 사원이 새로 입사하는 프로세스와 비슷한 과정을 거칩니다."

이상적인 직장이 아니라고 생각한다면 불평만 하고 앉아 있을 게 아니라 적극적으로 부서 이동을 하든가, 전직하는 것이 현명하다. 《나는 삼성보다 내 인생이 더 좋다》의 저자 우재오 씨처럼 최고의 엔터테인먼트 회사를 만들기 위해 삼성을 과감하게 퇴사하는 용기를 가진 이도 있다.

업무가 자신의 적성에 맞지 않고, 조직 문화를 견디기 어려워도 현실적인 여건상 견뎌야 하는 상황이라면 어쩔 수 없다. 피할 수 없다면 즐겨라. 괴로워하지만 말고 현실을 있는 그대로 받아들이고, 하고 있는 일에서 즐거움을 찾도록 노력해 보라.

호흡기 내과 전문의이자 인제 백병원 부원장 염호기 박사는 "젊은 사람들은 빠른 성공만을 원합니다. KTX처럼 처음부터 빠른 수단만을 찾아 타려 들지 말고 완행열차건 무궁화호건 일단 타 보는 게 좋습니다"라고 말한다. 많은 사람들이 일단 탔다가 잘못 탔다 싶으면 갈아타는 방법도 있다는 걸 생각하지 않는다는 것이다. 그는 가고 싶었던 서울대학교를 1차 시험에서 떨어졌다. 그래서 인제대학교에 입학했다. 만약 재수를 했다면 서울대학교에 갈 수 있었는지도 모르지만 일단 합격했으니 그 열차를 타고 계속 가기로 했다. 당시 인제대학교는 설립된 지 얼마 안 된 상황이어서 그에게는 더 많은 기회가 주어졌다. 그는 현재 학교의 최고 선배로서 프런티어 역할을 하고 있다. 이상적인 환경은 아니었지만 자신이 처한 현실을 이상적으로 만든 것이다.

최선이라 생각했던 일이 차선일 수 있고, 차선이라 생각했던 일이 오히려 최선일 수도 있다. 불만은 더 큰 불만이 되고 만족은 더 큰 만족으로 이어진다. 최소한 현재 다니는 직장에서 이직을 만류할 정도로 '열심히 일한다'는 인정은 받아야 한다. 현재 회사에서 인정받지 못하던 사람이 이직한 후 인재로 여겨지는 경우는 거의 없다. 우선 지금 하는 일에 최선을 다하라. 오늘 받는 평가가 미래 당신의 모습도 좌우한다.

06

빅데이터를 활용하며
때를 기다리기

지금 다니는 직장에서 행복해지는 법

누군가 당신을 지켜보고 있다

지금은 데이터가 넘쳐나 정보 홍수를 이루는 '빅 데이터Big Data'가 지배하는 시대이다. 인터넷 상에서 모든 정보를 공유할 수 있고 사회적 네트워크는 거미줄처럼 촘촘해져서 마음만 먹으면 한 시간 내에 한 사람에 대한 신상정보 대부분을 파악할 수도 있다. 클라우드와 슈퍼컴퓨팅을 통해 데이터 혁명이 일어났기 때문이다. 지구 위에 떠 있는 인공위성 전파는 간단한 검색과 버튼 하나로 언제 어디서든(기기가 잠자지 않는 한) 연결 가능하다.

스마트폰이 급진적으로 확산되기 전까지는 단방향 인터넷 정보 모으기와 학연, 지연을 통한 인적 네트워크 형성이 경력 관리의 최선이라 여겨졌다. 그렇다면 학연과 지연이 없는 사람은 어떻게 해야 하는가? 조선 시대에 신분제도가 붕괴되면서 성행했던 매관매직^{벼슬을 돈을 받고 파는 행위}이라도 해야 할까? 사회적 인맥이 굉장히 넓은 친척에게 부탁할 수도 없는 노릇이다.

영화 〈범죄와의 전쟁〉에서 비리 세관 공무원이었던 최익현은 족보를 통해 목적을 달성하는 인물이다. 달동네에서 단칸방 생활을 하는 그는 여러 아이를 둔 중년의 가장이다. 그는 가문의 먼 조카뻘 친척인 최형배를 알게 되며 건달 무리에 합류한다. 최익현은 위급한 상황을 해결해야 할 때마다 족보를 펼쳐 들고 생면부지였던 이들을 찾아간다. '우리 집안 어르신'이라는 이유로 급박한 상황을 해결하는 최익현의 모습은 단지 영화 속에서만 볼 수 있는 캐릭터가 아니다. 많은 이들이 이런 방식으로 자신의 위치를 일구었다.

지금도 인맥은 중요한 역할을 하고 있다. 하지만 대다수의 기업에서는 자신과 인맥이 있다는 이유로 실력이 없는 사람을 채용하지는 않는다. 실력이 검증되지 않으면 단칼에 낙오되는 시대이다. 그러니 '집안이 별 볼 일 없어서 제 역량을 발휘하지 못한다'는 말은 핑계에 불과하다. 자신의 인맥이 부족하다면 지연을 새로 만들면 된다. 지금은 집안 족보보다 유용한 쌍방향 네트워킹을 통해 인맥을 형성할 수 있는 시대이기 때문이다.

내가 사회생활을 하면서 얻게 된 많은 정보는 인터넷 쌍방향 소통과 인맥을 통해서였다. 나의 부모님은 나에게 아무도 소개해 주지 않았을뿐더러, 그간 출간한 책을 단 한 권도 구매하지 않으셨다. 여러 직업을 전전하고 책을 내고 강의를 하기 위해 동분서주할 때도 인맥 한 번 연결해 주지 않으셨다. 아니 딱 한 번, 내가 20대 중반쯤에 아버지 친구가 운영하는 조명 가게에 취직하라고 권유하신 적은 있다.

덕분에 나는 개척정신과 독립심을 기를 수 있었다. 만나고 싶은 사람이 있으면 상대방이 만나 줄지 않을지 개의치 않고 이메일을 통해서라도 만남을 청했다. 다양한 일을 경험한 덕분에 각 분야에서 여러 사람들을 만날 수 있었고, 프로젝트가 비록 실패하더라도 진심을 다해 사람들을 대하고 열정을 보인 덕분에 많은 인간관계를 만들어 갈 수 있었다.

필요한 인맥은 스스로 만들어라

빅 데이터 시대인 지금은 인터넷을 통해 쌍방향으로 교류하며 친구를 사귀고 서로 도움을 주고받기가 수월해졌다. 이전에는 지인에게 일일이 전화하거나 직접 만나서 물어봐야 알 수 있던 일도 트위터와 페이스북을 통하면 손쉽게 정보를 얻을 수 있게 되었다.

인맥을 만드는 일도 다르지 않다. 내가 《퇴근 후 이기적인 반란》을 쓸 때는 "직장에 다니며 퇴근 후 연극하시는 분을 아시나요?"라는 글을 공유해 잘 모르는 트위터러에게 한 분을 소개받았다. "기업교육을 위해 댄스 강의를 해 주시는 분을 알고 계시면 추천해 주시면 감사하겠어요"라는 글을 올려 기업 동기부여 교육에 강사를 초빙하기도 했다.

《일탈 제주자유》와 《사랑이 내게로 왔다》를 출간한 ㈜아이웰의 김성민 대표도 쌍방향 정보 수집을 통해 만난 사이다. 첫 만남은 이메일로 이루어졌다. 그에게 원고를 보냈지만 답장은 애정 어린 혹평이었다. 하지만 이후 순천향대학교와 고려대학교 취업 특강에서 우연히 그분을 만날 수 있었다.

반가운 마음에 트위터를 통해 인사했고, 페이스북으로 1:1 대화를 나누다 미팅을 하게 됐다. 김 대표님과의 식사 자리에서 "저는 강의하는 게 재미있어요. 그런데 현재는 강의가 많지 않아 어려워요"라고 했던 말을 기억해 주셨고, 경희대학교 국제캠퍼스에서 교양과목을 강의할 수 있도록 주관 컨설팅사에 면접 추천을 해 주셨다. 추천은 해 주셨지만, 면접에 합격하는 건 내 몫이다. 다행히 결과가 좋았고 이후 다시 병무청에서 공익근무요원 소양교육을 할 수 있도록 면접 추천을 해 주시기도 했다.

이후 나는 3년째 1주일에 한 번씩 공익근무요원들에게 '조직 내 의사소통과 갈등 관리'라는 과목을 강의하고 있다. 이처럼 온라인에서 맺어진 인맥은 오프라인으로까지 이어졌다. 김 대표님과는 이후 여러 프로젝트를 같이 진행했고, 그 회사를 통해 책을 출간했다.

이제 김 대표님은 내가 고민하는 일이 있을 때마다 조언을 구하는 멘토 중 한 명이 되었다. 그분 외에도 많은 이들을 SNS를 통해 만났다. 꾸준히 SNS 상에서 글로 교류하다 보면 상호 이익을 추구하는 사회적 만남에 대한 벽은 빨리 허물어진다. 인터넷상에서 맺어진 인연을 꾸준히 관리하며 자신의 인맥으로 만드는건 개인의 노력에 달렸다.

SNS뿐만 아니라 동종 업계 모임이나 학습 현장을 통한 인맥 형성도 추천한다. 예를 들어 마케팅 전문가가 되고 싶다면 포털사이트에 개설된 수많은 커뮤니티에 가입한다. 가입 후 온라인 활동은 물론 오프라인 활동을 꾸준히 하며 정보 교류를 하면서 "저는 지금 회계 업무를 하고 있지만 언젠가는 마케팅 전문가가 되고 싶어요"라고 어필한다면 마케팅 전문가들은 기억했다가 당신에게 도움이 될 교육이나 채용 일정 등을 추천해 줄 것이다.

"언제, 어디서든, 무엇이든 모두와 공유할 수 있는 서비스를 통해 세계는 열린 공간이 될 것이다"라는 페이스북 CEO 마크 주커버그Mark Zuckerberg의 말처럼 인맥 교류의 벽이 허물어지고 있

지금 다니는 직장에서 행복해지는 법　　　　　　　　　　　　　　**Part 2**

다. 이 덕분에 우리는 족보를 따지고 촌수를 들먹이지 않아도, 졸업 앨범이나 동문회 수첩을 들추지 않아도 원하는 기업의 담당자, 혹은 그의 친구와 연결 고리를 찾을 수 있으며 접촉할 수 있게 되었다. 물론 당신의 노력 여하에 따라서 결과는 달라지겠지만 말이다.

페이스북과 더불어 성장한 오픈 플랫폼 트위터는 기업이 흔들릴 위기에서 시작되었다. 블로거 서비스를 구글에 매각하고 나자 에반 윌리엄스Evan Williams의 회사는 이후의 분명한 비즈니스 전략이 없어 흔들리기 시작했다. 그러던 중 그의 직원인 소프트웨어 엔지니어 잭 도시Jack Dorsey가 휴대전화의 단문 메시지와 비슷한 기능을 하면서도 단순히 한 명에게만 문자를 보내는 게 아니라 다수 사용자에게 중계가 가능한 서비스를 해 보자는 아이디어를 냈고, 2주 만에 시범 제품을 만들어내 스테이터스status라는 트위터의 시초를 만든다.

트위터는 어떤 청년의 작은 아이디어에서 우연히 시작됐다. 스물아홉 살의 잭 도시는 물 빠진 청바지를 즐겨 입고 머리카락 한 줄기를 이마까지 끌어내려 빗던 말수 적은 청년이었다. 그는 하나의 업무 대상에 지나치리만큼 강박적인 모습을 보이는 성향이었는데, 차량파견 업무에 빠져 차량파견 소프트웨어 회사를 창업하기도 했다. 그는 어느 날 샌프란시스코 길거리를 걷다 윌리엄스를 만나 즉석에서 일자리를 달라고 요청하여 채용되었다. 이 무렵 그는 SMS와 인스턴트 메시지에 빠져 있었고 도시현황 업데이트 과정에서 일반인들이 배제되었다는 사실을 깨닫게 되었다. 이를 계기로 일반인들도 자신의 근황을 중계할 수 있는 간단한 수단을 마련해 주자는 아이디어가 탄생했다.

대역폭 제한 때문에 SMS 단문 메시지는 160자로 입력이 제한된다. 따라서 트위터는 140자로 입력 글자 수를 제한했다. 결국, 이는 극도의 제약 속에 궁극의 자유가 보장된 일반인의 일상을 위한 인터넷 쌍방향 서비스가 되었다. MIT에서 열린 엔터테인먼트 미래 회의에 참석한 한 패널은 "소셜미디어를 지탱하는 힘은 공감대입니다"라고 말했다.

당신이 만나고 싶은 인물이 있는가? 그렇다면 그의 멘트에 공감하고 글로 커뮤니케이션하면서 만남으로까지 연결하려는 노력이 필요하다. 만약 상대방의 반응이 없더라도 상처받거나 쉽게 포기하지 마라. 진심으로 꾸준하게 노력하다 보면 분명 그 노력에 보답 받는 날이 올 것이다. 요즘은 운 마저도 노력에 달려 있다.

 목숨 걸지 않고
정년까지 출근하는 비결

한우물만 파다간 그 우물에 빠질 수도 있다

회사에 대한 애사심과 충성심으로 무장한 사람이 있다. C대리는 보기 드물게도 술자리에서조차 절대 회사와 관련된 험담을 하지 않는다. 오히려 사석에서도 회사에 대해 좋은 얘기만 하는 통에 "혹시 C대리, 사장 아들이 아닌가?"라는 의혹을 살 정도이다. 하지만 임원의 아들조차 그냥 평범한 직원일 따름이다. 그는 전 직장에서 악덕 업주를 만나 임금 체납으로 1년여 동안 고생했던 경험이 있기에 월급만 제때 들어와도 감사하다고 한다.

물론 일 잘하고 애사심까지 있으면서 대내외 커뮤니케이션 능력까지 탁월하다면 회사 차원에서는 이보다 더 바람직한 직원은 없을 것이다. 하지만 문제는 그가 일을 너무 열심히 한다는 데 있었다.

그는 취미 생활이나 다른 사교적 교류 하나 없이 오로지 회사에만 목을 매다 보니 개인적인 자기발전은 전혀 없이 성장은 멈춘 상태가 되어 버렸다. 게다가 자신이 하지 않아도 될 일까지 참견하며 상사에게 시시콜콜 보고하는 바람에 '걸어 다니는 CCTV'라는 별명까지 생겼다. 더 큰 문제는 애사심에 비해 업무 능력이 떨어진다는 것이었다. 그렇지만 그는 퇴근 후 자신의 부족한 업무 역량을 보충할 의지가 전혀 없었다. 자신은 회사를 열심히 다니고 있기 때문에 아무런 문제가 없을 것이라는 굳건한 믿음을 가진 C대리의 미래는 과연 어떻게 펼쳐질까?

말콤 글래드웰Malcolm Gladwell은 한우물만 파면 성공한다는 정설을 새롭게 해석하여 '1만 시간의 법칙'을 제시했다. 창조적 천재들의 인생을 분석한 결과, 한우물만 파면서 1만 시간을 버티어 내면 전문가가 되며 성공한다는 이론이다.

이 법칙에 반기를 들 생각은 없다. 실제로 한 분야에서 최소 10년 정도 노력해야 전문가 수준은 아니더라도 그 일에 대해 어느 정도 파악하는 수준에 이르기 때문이다. 단, 1만 시간 동안 다양한 실패와 다양한 경험을 해야 한다. 1922년 노벨물리학상을 수상한 덴마크의 물리학자 닐스 보어Niels Bohr는 "전문가란 특정 분야, 자기 주제에 관하여 저지를 수 있는 모든 잘못을 이미 저지른 사람이다"라고 말했다.

대부분의 사람은 모든 실수를 저지른 다음에야 그 일을 잘할 수 있는 방법을 터득하게 된다. 이러한 실패의 패턴에서 빠르게 벗어나기 위해서는 지금 다니고 있는 회사에만 너무 매달리지 말고, 퇴근 후와 주말 등 개인적인 여가 시간에는 자신을 위한 생산적인 '딴짓'을 부지런히 해야 한다.

그러다 자칫 잘못하면 '취미도, 가정도, 친구들도 외면한 채 일만 열심히 했는데도 회사가 자신을 팽개쳤다'라며 억울해하면서 살아가게 될 수도 있다.

회사에 모든 것을 거는 한우물 외에도, 전직 혹은 이직에 목표를 두고 한우물만 파는 유형도 문제다. LG그룹 계열사에 근무하는 한 지인은 대기업에 근무하면서도 끊임없이 전문직군의 명예와 그들이 받는 대우를 부러워한다. 그리고는 반 년에 한 번씩 목표를 세운다. 3년 전에는 티켓몬스터 같은 소셜서비스를 론칭하겠다고 준비했지만 여자 친구와의 데이트에 많은 시간을 보내더니 결국 흐지부지되었다. 2년 전에는 법무사가 되겠다며 퇴근 후 공부하겠다고 야심 차게 선언했지만, 여자 친구와의 데이트, 게임, 친구들과 술자리에 시간을 보내느라 그 계획은 무산되었다. 1년 전에는 드디어 그동안의 계획에 비해 현실적인 대안이라면서 마이크로소프트사의 미국 지사로 전직하겠다고 했다. 하지만 이력서만 제출해 놓고는 아무런 노력도 하지 않았다. 오히려 자신은 미국으로 갈 것이라는 헛된 꿈에 들떠 전보다 더 열심히 놀았다. 주말에는 당연히 늦잠을 잤고 평일 퇴근 후에도 새벽까지 이어지는 술자리에 참석하며 열심히 놀았다.

결과는 어찌 됐을까? 물론 그의 생활에는 아무런 변화도 일어나지 않았다. 그는 "그냥 지금 회사나 잘 다니려고"라고 멋쩍어 하면서 말했다. 그가 판 우물은 실력과 노력이 동반되지 않은 '꿈에만 부푼 우물'이었다. 그런 우물은 열심히 파 봤자 아무런 소용이 없다.

이뿐만이 아니다. 입사하고 싶은 회사에서 일 년에 딱 두 번 모집하는 공채를 대비하고자 다른 기업에는 눈도 돌리지 않은 채 남는 시간은 놀면서 지내는 이도 있고, 회사를 옮기기도 전에 현 회사의 동료들에게는 '자신은 모 회사로 갈 사람'이라고 떠벌리고 다니는 바람에 신뢰를 잃은 이도 있다.

실력이 동반되지 않은 그릇된 충성심이건, 허영심이 깃든 환상에 대한 집착이건 비생산적인 한우물 파기는 어쨌든 멈추는 것이 현명하다.

직장은 복지 기관이나 전인교육 기관이 아니다

㈜포스코 ICT에서 18년 동안 근무하고 있는 인재개발실의 이충섭 차장은 "회사에 목숨 걸지 않는 것이 아이러니하게도 회사를 오래 다닐 수 있는 비법입니다"라고 말한다. 그는 활동적인 성향으로 자유롭게 일하는 것을 선호했다. 하지만 우선 주어진 일에 최선을 다하며 살아 왔다. 생산적인 딴짓을 하면서 말이다.

그는 포스코 인사담당자로서 18년간 5만 명이 넘는 구직자를 만나 왔다. 인사전문가로 《면접잔혹사》를 출간하기도 했고, 취업 포털 잡코리아에서 취업 컨설턴트로 활동하기도 했다. 본인이 담당하고 있는 인사 분야에서 오랜 기간 전문가로 경력을 쌓으면서 여전히 복싱, 테니스, 시민기자 등 생산적인 딴짓도 열심히 하고 있다. 물론 퇴근 후와 여가 시간에 말이다. 신입사원 면접에서 의미 없을 것 같은 취미 관련 질문을 하는 이유에 대해 그는 다음과 같이 답한다.

"신입사원 면접에서 취미 생활을 왜 물어보는지 아세요? 그리고 회사에 왜 등산, 축구, 영화, 독서 등 취미 활동 동아리를 만들어서 활동을 권유하는지 아세요? 회사에만 자신의 모든 것을 걸지 말라는 의미이지요."

그는 직장 생활을 잘하기 위해서는 환상에서 깨어나야 한다고 조언한다. 구직자는 물론이고 이미 직장 생활을 하고 있는 이들도 환상에서 벗어나야 한다. 직장은 복지 기관이나 전인교육 기관이 아니기 때문이다. 물론 회사는 때맞춰 급여를 올려 주고, 전세 자금도 저금리로 대출해 주고, 사내 동호회로 여가 활동도 지원해 주고, 원하는 교육을 무상으로 제공해 준다고 홍보하기도 한다. 하지만 이는 어디까지나 기업 이미지와 이윤을 극대화하기 위한 수단일 뿐 직원들의 자기 관리와 정신 건강, 노후까지 책임지고 보장하기 위한 것이 아니다. 육체적 건강뿐만 아니라 업무에서 오는 정신적 스트레스를 책임져야 할 주체는 본인 자신이다.

기업이 사원을 채용할 때 건전한 생활 태도와 취미 생활의 깊이, 봉사 활동 여부, 자기계발 노력을 평가하는 것도 바로 이런 이유 때문이다. 고단하고 지루한 업무를 견뎌내고 오래 근무할 수 있는 바탕은 전공 지식이 아니라 자기계발에 대한 의지와 노력이다. 이런 부분은 대기업이든 중소기업이든 조직 규모와 상관없이 동일하게 적용된다. 한 조직의 일원이 된다는 것, 회사원으로 일한다는 것에 대해 잘못된 환상부터 버려야 직장 생활을 오랫동안 제대로 할 수 있다. 다시 말해 정년까지 일하는 사람은 일과 개인 생활을 조화롭게 해나가는 능력이 탁월한 경우가 많다.

단지 손에 든 총과 칼이 없을 뿐이지 직장은 반드시 성과를 내고 목표를 추구하는 전쟁터 그 자체이다. 오랜 기간 살아남으려면 꾸준한 자기 관리와 자기계발이 필수이다.

만약 어떤 사람이 나만 바라보면서 숨 막히게 집착하고, 나 때문에 슬퍼하고 우울해하는 모습을 보면 답답할 것이다. 직장 생활도 마찬가지다. 직장에만 매달리다 보면 오히려 업무가 지루하게 느껴지고, 출근하기도 싫어질 것이다. 직장 생활에서 벗어나고 싶은가? 그럼 퇴근하고 나서 소원하던 탈출을 하라. 시민 연극단에 들건, 수영을 하건, 산책을 하건, 기타를 배우건, 요리를 배우건, 영어나 스페인어를 배우건, 컴퓨터 자격증을 따건, 가야금이나 복싱을 배우건, 치킨집에서 아르바이트를 하건 다른 일을 하라. 오늘 하고 있는 일을 더 즐겁게 하기 위해서 제발 회사에만 목숨 걸지 마라.

수필가 고故 전혜린은 "누구나가 자신만의 쥐덫 속에 살고 있다. 개인의 쥐덫, 그리고 그 밖으로는 인류의 운명이라는 역사성, 시간성의 쥐덫에 놓여 있다"라고 말했다. 당신이 '나는 우직하고 성실해'라며 자신에게 만족하고 있는 현재가 사실은 쥐덫이 아닌지 한번 돌아보라. 회사는 당신이 회사에 집착하고 짝사랑하듯 살아가는 것을 원하지 않는다. 자신의 삶을 사랑하면서 회사 일도 열심히 하는 건강하고 균형 잡힌 사람을 원한다.

Part 3

위기를
기회로
바꾸는
전략 세우기

01 지금 나는 꿈 꾸던 삶을 살고 있는가

누구에게나 꿈꿀 자격이 있다

상상의 나래를 한번 펼쳐 보자. 당신은 세계 굴지의 무기 관련 장비 업체를 경영하며 부와 명예를 모두 가지고 있다. 천재적인 두뇌에 매력적인 외모로 이성들의 마음을 들었다 놨다 하며 웬만한 연예인이 부럽지 않은 화려한 삶을 살아간다.

억만장자인 당신은 전용기가 이착륙할 수 있는 비행장과 수영장이 갖춰진 호화 저택에서 살아간다. 그뿐만이 아니다. 타고 싶은 차는 언제든지 살 수 있으며, 평상시 입는 옷과 액세서리의 가격을 모두 합하면 천문학적인 단위에 이른다. 이처럼 매력적이고, 돈도 많으며, 의미 있고 멋있는 일을 하고 있는 이가 다름 아닌 당신이라면? 게다가 당신을 전적으로 이해해 주는 멋진 연인까지 있다면? 그야말로 더할 나위 없이 행복하지 않을까?

영화 〈아이언 맨〉의 주인공 토니 스타크는 바로 이런 삶을 살아간다. 그런데 그는 그렇게 많은 걸 가졌으면서도 〈아이언 맨 3〉에서 모든 걸 내려놓고 평범한 인생을 선택했다. 왜 모두가 꿈꾸는 영웅의 삶을 스스로 내려놓은 걸까?

단지 아이언 맨처럼 화려한 삶은 아닐지라도, 사람은 저마다 자신이 꿈꾸는 인생이 있다. 일을 통해 자아를 실현하며 행복한 가정을 꾸려 가족들과 오순도순 사는 삶을 꿈꿀 수도 있고, 정반대로 결혼하지 않고 혼자 전 세계를 자유롭게 여행하며 사는 삶을 선망하는 이도 있을 것이다.

명성을 얻고 유명한 사람이 되는 것이 꿈인 사람도 있을 테고, 자그마한 레스토랑을 여는 소박한 꿈을 간직하고 살아가거나, 카사노바처럼 많은 이성을 사귀며 사는 게 꿈이라고 말하는 사람도 있을 것이다. 현재 다니는 직장의 임원 자리에 오르거나, 세상을 바꾸고자 하는 큰 꿈을 꾸는 이도 있다. 그저 평온하게 직장 다니고, 빚 걱정 없이 하루하루 평범하게 사는 게 꿈일 수도 있다.

사람은 생김새가 비슷한 듯 보이지만 조금씩 다 다르듯, 우

위기를 기회로 바꾸는 전략 세우기　　　　　　　　　　　　　　**Part 3**

리의 꿈들도 비슷하지만 모두 다르다. 공통점이 있다면 다들 '이 꿈을 이루면 행복해질 거야'라는 기대감이 있다는 것이 아닐까? 입사하던 첫날을 떠올려 보자. 입사하며 꿈꾸었던 당신의 미래와 오늘은 닮아 있는가, 아니면 전혀 다른가? 만약 완전히 다르다면 도대체 무엇이 문제였을까? 어디서부터 어떻게 잘못된 것일까?

지방 소재 4년제 대학교를 졸업하고 한 회사에 취업한 K씨는 부서 내 업무란 업무는 혼자 도맡아 해치우는 자타 공인 워커홀릭이다. 자신이 없으면 회사가 잘 돌아가지 않는다고 굳건히 믿으며 회사에서 자신의 역할에 매우 만족하고 있다. 누군가에게 필요한 사람, 의지할 만한 사람이 자신이라는 사실에 뿌듯해한다. 무엇보다 그는 꿈에 그리던 전시기획자가 되었고 하루하루 행복한 나날을 보내고 있다. 단 한 가지, 신분이 불안정한 1년짜리 계약직이라는 사실만 빼고 말이다.

K씨는 2013년, 방송되었던 인기드라마 〈직장의 신〉에서 미스 김이 다방면에 걸친 뛰어난 능력을 바탕으로 정규직 직원들에게 전혀 기죽지 않았고 도리어 큰소리치는 모습이 부럽다가도 마음 깊은 곳에서는 무엇보다 정규직 전환을 원했다.

하지만 K씨가 다니는 회사의 고질적 병폐는 서울에 위치한 4년제 대학을 졸업한 사람만 정규직으로 채용한다는 것이었다. 심지어 비정규직이 정규직으로 전환된 사례도 없었다. 그녀는 고등학교 때도 성적이 줄곧 상위권이었고, 지방대이긴 해도 들어가기 쉽지 않은 학교를 우수한 성적으로 졸업했다. 이런 자부심을 가지고 있던 그녀로서는 회사의 방침을 받아들일 수 없었다.

사실, 그녀는 서울 소재 대학에 충분히 진학할 수 있는 성적이었지만 사정상 집에서 가까운 학교를 다녀야 했다. 하지만 막상 학력 차별을 당하는 처지에 놓이게 되자 '요즘 같은 세상에 아직도 이런 회사가 있구나' 하는 생각에 한숨이 절로 나왔다.

정규직 직원들과 똑같이, 오히려 그들보다 더 열심히 일을 해도 그녀보다 상위 직급인 대리의 반밖에 되지 않는 월급을 받는 어처구니없는 상황에서 벗어나고 싶었다. 계약 기간이 끝나갈수록 마음은 너무나 초조해졌다. 그녀의 유일한 위안은 음료치고는 꽤 비싼 가격의 '휘핑크림을 얹은 라지 사이즈 스타벅스 그린 티 프라푸치노'를 법인 카드로 계산하는 것뿐이었다. 이러한 현실이 그녀를 더욱 암담하게 만들었다.

인생을 방관하는 것은 죄다

K씨가 입사 당시 그렸던 자신의 이상적인 모습은 '전시장에서 무전기를 들고 업체 관계자들을 지휘하며 멋진 모습으로 일을 처리해 내는 정규직 커리어 우먼'이었다. 하지만 재계약 서류를 앞에 놓고 사인하기에 앞서 자신을 되돌아보았을 때 현실은

이상향과 너무나 달랐다. '전시장에서 무전기를 들고 업체 관계자들을 지휘하며 멋진 모습으로 (정규직들이 안 하는) 일을 처리해 내는, 언제 잘릴 지 모르는 비정규직 사원'일 뿐이었다. 각고의 노력 끝에 자신은 업무에 적합한 사람이 되었지만 회사의 불문율을 바꾸기란 계란으로 바위 치기란 판단이 들었다. 2년 차 재계약을 앞둔 시점에서 그녀는 계약을 포기했다. 그토록 입사를 꿈꾸었던 회사였지만, 항상 불안에 떨다 1년씩 재계약해야 하는 인생을 더는 살고 싶지는 않았기 때문이다.

결국 퇴사 후 신림동 자췻집을 정리해 학교를 다녔던 지방 도시로 내려갔다. 그곳에서 우여곡절 끝에 자신의 실력을 인정해 주는 회사에 입사하게 되었다. 전시기획사에서 쌓은 업무력과 추진력을 바탕으로 단기간에 팀장으로 승진하며 개인 사무실까지 배정받았다. '절이 싫다면 중이 떠나랬지'라고 되뇌며 쓸쓸히 퇴사한 지 몇 년이 지나지 않았지만 지금 그녀의 얼굴은 마치 개선장군처럼 당당하게 빛난다.

K씨는 그래도 운이 좋은 경우이다. 꿈꾸어 왔던 모습과 지금 자신이 처한 상황이 많이 다르더라도 K씨처럼 노력으로 극복할 수 없는 경우도 있다. 이럴 때 '언젠가는 해결되겠지'라며 방관하는 태도로 무턱대고 살아가는 것은 위험하다. 인생에는 길이 하나만 있는 게 아니라는 사실을 재빨리 깨달아야 한다. 한 곳만 바라보던 시야를 돌려 최대한 넓게 보자. 혹시 대기업에서만

자신의 꿈을 이룰 수 있다고 생각했다면 중소기업으로도 시선을 돌려 보자. 구직난, 취업 대란이라고는 하지만 이는 문턱이 좁은 대기업에 국한되는 말이다. 실제로 중소기업 인사담당자나 사장들은 "일자리는 많은데 젊은 사람들이 중소기업에 들어오고 싶어하지 않는 것이 가장 안타깝다"라고 말한다. 무조건 대기업에 취업하는 것이 좋은 것만은 아니다. 큰 조직 내에서 존재감 없이 일하는 것보다는 작은 조직에서 리더십을 발휘하면서 일하는 것이 더 나을 수 있다.

팍팍한 현실에 치여 살다 보면 어느덧 꿈을 완전히 잊게 되기도 한다. 애당초 자신이 이룰 수 없는 꿈이라며 그것을 포기하게 되는 것이다. "내가 정말 하고 싶은 게 뭔지 모르겠어요, 꿈이 뭔지도 모르겠어요"라고 체념하는 이들도 많다.

당신이 꿈을 잊거나 애초부터 꿈이 없었다 한들 그것이 곧 잘못이거나 나쁜 건 아니다. 꿈을 잠시 잊었거나 아직 발견하지 못한 것일 뿐이니 자책하지 말자. 좀 더 활기찬 인생을 살고 싶다면 그런 꿈을 찾기 위해 여러 가지 다양한 경험을 해 보라. 지금 당장 현실적 여건상 다양한 경험이 어렵다면 독서와 다른 사람들과의 대화를 통해 천천히 찾아가면 된다.

만에 하나, 하고 싶은 걸 찾지 못한 채 평생 살아갈 수도 있다. 당신만 불편하지 않다면 그렇게 사는 것도 좋지 않은가. 흘러

가는 대로 순리에 맡기는 삶을 살아가는 것이야말로 진정 어려운 일이니까.

《돈키호테》에서는 "이룰 수 없는 꿈을 꾸라"고 했지만, 이룰 수 있는 현실적 꿈을 꾸는 사람이 더 행복한 법이다. 물론 지금의 삶이 꿈꾸던 모습이 아닌 것은 자신의 나태함 때문일 수 있다. 또는 이상과 현실의 괴리가 너무 컸던 나머지 과거의 꿈이 현실과 타협하며 점차 사라졌을 수도 있다.

하지만 어느 쪽이든, 오늘 출근하기 싫은 감정을 최대한 극복하기 위해 온갖 노력을 다해도 안 된다면, 그때는 미련 없이 훌훌 털고 당신의 길을 찾아 떠나도 좋다. 당신에게는 행복하게 일할 권리가 있으니까.

02 <u>지겨운 밥벌이를</u> 즐거운 놀이처럼 즐기기

낭만적인 밥벌이 예찬

일한다는 것은 제 밥벌이를 한다는 말과 동의어로 사용된다. 산다는 것이 물론 세 끼의 밥을 챙겨 먹는 일의 연속이긴 하지만, 때론 기를 쓰고 끼니를 찾아 먹는 것이 지겹기도 하다. 도저히 참을 수 없을 만큼 괴로운 상황 속에서도 생명을 유지하기 위해 음식을 꾸역꾸역 삼킬 때면 나 자신이 그렇게 비참할 수가 없다. 만약 밥이 단순히 배를 채우는 행위만을 의미한다면 그것은 고귀하지도 비참하지도 않을 것이다.

소설가 김훈은 밥을 먹어야 일도 할 수 있는데, 일 때문에 속이 쓰려 밥을 넘길 수 없다는 '밥벌이의 슬픔'에 대해 이야기하기도 했다. 제 밥벌이를 하며 살아간다는 건 결코 쉬운 일이 아니다. 더욱이 더 잘 먹고 잘살기 위해 새로운 일을 시작하는 것은 상당한 용기가 필요하다. 굳이 무모한 도전을 하지 않는다면 실패할 위험도 없고, 안전하게 자신의 밥그릇을 지킬 수 있을 것이다. 밥그릇을 지키는 것조차 두렵다면 '나는 할 수 있다'는 긍정적 자기암시를 반복해 보자. 생각은 가치관을 형성하여 행동으로 표출되고, 이는 인생을 이끌어 나가는 지표가 된다.

알프스클럽 펜션 리조트의 전 대표이자 CJ푸드빌 프랜차이즈 아카데미 최연소 팀장인 박상민 씨도 '할 수 있다'는 자신감으로 밥벌이를 하고 있다. 경희대학교에서 외식경영학 박사 과정까지 수료한 그는 밥벌이를 즐기며 산다.

대학교 4학년, 졸업을 앞두고 미국 햄버거 체인점 브랜드인 하디스에서 아르바이트를 하다 매장 매니저를 모집하는 공고를 봤다. 어차피 곧 졸업이니 취업한 셈치고 매장 매니저로 근무하기 시작했다. 그는 2년여 동안 부점장으로서 매장을 관리하며 '프랜차이즈는 좋은 사업 모델'이라고 생각했다. 타인의 자본으로 사업을 빠르고 크게 확장하는 것에 매력을 느꼈고 '언젠가는 프랜차이즈 비즈니스를 직접 해 보겠다'는 꿈을 꾸기 시작했다.

그러다 다양한 경험을 해 보고 싶던 그는 출판사로 전직해 교육연수팀에 들어갔다. 출판사에서 일한 1년여 동안에도 프랜차이즈 사업에 대한 꿈을 놓지 않았다. 틈틈이 시장 조사를 했고 퇴근 후에는 관련 강의도 찾아 들으며, 아드레날린이 샘솟는 것 같은 뜨거운 열정이 있다는 사실을 스스로 확인하게 되었다.

제대로 한번 프랜차이즈 사업을 배워 보겠다고 작정한 그는 한국창업전략연구소 부사장의 강의 현장을 찾았다. 강의가 끝난 뒤 부사장을 찾아가 "프랜차이즈 사업에 관심이 있고, 일해 보고 싶습니다!"라고 자신의 의지를 적극적으로 표현했다. 그런 패기와 용기가 통했는지 선뜻 채용되었다. 이처럼 기회는 그것을 갈구하면서 부지런히 발품 파는 이에게 찾아오고, 행운이란 늘 노력하면서 준비하고 있는 자의 일상 속에서 일어난다.

연구소는 직원이 15명 남짓한 작은 회사였지만 오히려 그렇기 때문에 단기간에 많은 일을 배울 수 있었다. 프랜차이즈 업체 컨설팅을 통해 성과를 내고 영업 업무까지 겸하며 마치 자신의 회사인 것처럼 열심히 일하니, 자연스럽게 대표의 신임을 얻었다. 하지만 2년쯤 지나자 머리로만 아는 지식에 한계를 느꼈다.

사실 한 번의 경험이 100권의 책을 읽는 것보다 훨씬 효과적일 때가 많다. 의자에 궁둥이를 붙이고 앉아 얻는 지식으로 당장 앞가림은 할 수 있겠지만 거시적으로 본다면 경험만큼 큰 공부는 없다. 박상민 씨는 실제로 경영을 경험해 보기 위한 방법을 찾다 펜션 사업에 관심을 갖게 되었다. 건설업을 하는 아버지와 함께 알프스클럽 펜션 리조트를 분양하다 운영까지 하게 되면서 경영주의 입장에서 소비자와 접촉하며 그들에게 무엇이 필요한지를 체험했다. 부족한 이론 지식은 외식경영학 석·박사 학위 과정을 통해 채워 나갔다.

세종대학교와 경희대학교에서 외식경영 전략과 외식경영에 대한 강의를 맡아 강사로 활동하다 보니 다시 현업으로 돌아가고 싶은 마음이 들었다. 한국창업전략연구소 대표의 소개로 ㈜제너시스BBQ에 대리로 입사했다. 현업에서 BBQ, BHC, 닭 익는 마을 등의 창업 가맹주 모집, 컨설팅, 창업전략 수립 등의 업무를 진행하며 높은 성과를 냈다. 그간 쌓아 온 이론과 실무를 접목하고 오너십을 발휘해 자기 사업처럼 열심히 노력한 덕분이었다.

일단 지금 그 자리에서 열심히 뛰어라

성실한 인재는 어딜 가나 눈에 띈다. 신세계 백화점에서 디자인 담당 콘텐츠 디렉터로 일하고 있는 신혜연 씨도 이러한 사실에 전적으로 동의한다. 그녀는 "자신의 일을 열심히 하고 있으면 기회는 저절로 오기 마련이지요"라고 말한다. 요즘은 인사담당자들이 재능 있는 인재, 노력파 인재를 먼저 알아보고 찾아내는 시대이다. 따라서 자신이 있는 자리에서 꿈과 목표를 가지고 성실히 일하며 인적 네트워킹을 하고 자기 관리를 열심히 해 나가는 것이 중요하다.

결국 박상민 씨에게도 그런 기회가 왔다. ㈜제너시스BBQ에서 일하는 동안 인적 네트워크를 잘 다져 놓은 덕분에 지인 추천으로 CJ푸드빌에서 신설한 '창업전략'이라는 업무를 하게 된 것이다. 대리 4년 차 대우로 입사해 2011년 과장이 되고 꾸준하게 일에 대해 이해하고 도전하며 새로운 시도를 했다.

프랜차이즈 사업은 개설된 가맹점을 잘 유지하고 수익을 내는 것도 중요하지만, 가맹점을 새로 개설하는 업무가 가장 중요하다. 그는 창업하려는 고객들을 CRM^{Customer Relationship Management}으로 관리하며 다각적인 접근을 통해 점포 개설률을 높이는 역할을 했다. '할 수 있다'는 자신감으로 꾸준히 업무를 확장시켰고 성과를 보이자 과장 승진 7개월 만인 2012년 1월 1일, 서른네 살의 나이에 다시 팀장으로 승진한다. 현재 그는 프랜차이즈 교육 부문에서 근무하고 있다. 그는 이직 때마다 자신에게 약점으로 작용할 만한 것들, 즉 많지 않은 경력, 석박사급의 학력, 해당 직무에 대한 전무한 경험 등을 자신감 하나로 극복했다.

이렇듯 자신을 바꿀 수 있는 동기는 자신의 내면으로부터 시작된다. '나는 미래에 전문경영인이 되어서 맥도널드 같은 글로벌 프랜차이즈 비즈니스를 할 거야' 하고 원대한 꿈을 꾸고 있는 박상민 씨의 밥벌이는 당연히 지겨울 틈이 없다.

김훈 씨가 《밥벌이의 지겨움》을 통해 끝내 말하고 싶었던 것은 역설적으로 '밥벌이는 지겹지 않다'는 사실이다. 세 끼를 때우며 인생에 끌려다니지 않아야 눈물 젖은 밥을 먹게 되더라도 목표를 세우고 목적을 이루는 삶을 살 수 있다는 의미를 담고 있다.

하루 세 끼의 식사는 살아 있다는 신성한 의식이며, 열정적으로 일하는 자신에 대한 선물이다. 하루하루 고되게 살며 전투적으로 밥을 먹다 보면 '내가 지금 살려고 먹는지, 먹으려고 사는지 모르겠네' 하는 생각이 들 수도 있다. 하지만 아무렴 어떤가? 살기 위해 먹든, 먹기 위해 살든 오늘 하루 내가 좋아하고 즐거운 일을 했다면 충분히 밥벌이는 의미 있다.

스트레스, 두려움, 불안이 있어도 일단 그대로 인정하라. 그리고 목표와 희망을 가지고 살아가는 것이다. 따뜻한 밥 한 술 든든히 배에 채우고 힘껏 달려 보자. 아무리 지겨운 밥벌이라도 어느 회사, 어느 일터에서건 즐겁게 해 보려고 노력하고 놀이하듯 그 일을 즐긴다면, 나중에 '나는 평생 즐기며 행복하게 살았다'라고 편안히 눈감을 수 있지 않을까? 적어도 최선을 다해 보지 않아 후회만 남는 안타까운 삶은 아닐 것이다.

03 나는 나를 객관적으로 바라보지 못한다

위기를 기회로 바꾸는 전략 세우기

현명한 조언자를 만나라

정신이 육체 내에 존재하는 개체라는 생각을 '자아이론'이라고 한다. '우리의 몸은 정신이 머무는 그릇'이라는 생각도 이이론에 따른 것이다. 그런데《영원불변한 나는 없다》의 저자 브루스 후드Bruce Hood는 자아 이론보다 '다발 이론'이 훨씬 더 강력한 지지를 받고 있다고 말한다. 매일 욕실에 비친 자신의 몸을 보며 자아를 돌아보는 자아 이론과는 정반대로, 다발 이론은 자아라는 단 하나의 실체가 존재하는 것이 아니라 감각과 지각, 사고의 다발들이 겹겹이 쌓이는 가운데 자아가 생겨난다고 본다.

뇌 과학으로 명확히 밝혀진 사실은 아니지만, 우리는 대부분 우리가 생각하고 싶은 대로 자신을 본다. 따라서 중요한 결정을 하거나 고민이 생기면 자신에게 주관과 객관이라는 두 가지 시선으로 조언해 줄 만한 현명한 이를 찾아 나서는 것이 좋다.

독일의 서정시인 라이너 마리아 릴케Rainer Maria Rilke와 조각가 오귀스트 로댕Auguste Rodin은 활동한 분야는 서로 달랐지만 좋은 친구 사이였다. 시인이란 예나 지금이나 변함없이 숭고한 직업이지만 가난하고 배고프고 번뇌스러운 직업이기도 하다. 릴케는 '가치나 신념 따위가 뭐라고 이리 배를 곯아야 하나' 하고 회한에 잠겼고, 시인으로서의 자신의 자질에 대해 스스로 의심하기 일쑤였다. 그럴 때마다 로댕은 릴케에게 "자넨 뛰어난 시인이라는 점을 잊지 말게, 힘내게 친구!"라며 기운을 북돋아 주었다. 릴케에게 로댕은 멘토 혹은 코치의 역할을 한 것이다. 이런 멘토의 역할을 해 줄 수 있는 이는 친구일 수도 있고, 가족 또는 선배, 선생님, 배우자일 수도, 책 속의 등장인물일 수도 있다.

출근하기 싫거나 이직을 고민할 때 당신은 누구에게 먼저 조언을 구하겠는가? 사내 사정을 잘 알고 있는 직장 동료나 상사인가, 비밀이 새어 나갈 염려가 없는 직장 바깥의 인물인가? 그게 누구건 예전부터 나를 잘 알고 있고 내 편으로 삼고 싶은 이가 있다면, 오랜 시간 좋은 관계를 유지하면서 내 곁에 두어야 한다.

신세계 백화점 디자인 담당 콘텐츠 디렉터 신혜연 씨는《이탈리안 낭만 혹은 열정》의 저자인 김형주 작가를 멘토로 삼았다. 이전 직장의 사수이자 〈행복이 가득한 집〉 편집장이었던 김형주 작가와 상담하면 동종 업계에 있었기에 그녀를 잘 알고 있어서 속 시원한 조언을 받을 수 있었다고 한다.

중학교 때부터 〈논노〉와 〈향장〉을 모으며 잡지에 대한 동경을 키우던 신혜연 씨와 김형주 작가의 인연은 인테리어 잡지 〈행복이 가득한 집〉에서 시작되었다. 대학교를 졸업하고 사보 편집 회사에서 근무하던 신혜연 씨는 우연히 신문에서 사진이 정말 멋지게 나온 〈행복이 가득한 집〉 광고를 보게 되었다. 첫눈에 반해 바로 잡지를 사서 연락처부터 찾아보았다. 다행히 아는 이름이 눈에 띄어 무작정 잡지사에 전화를 걸었다.

신혜연 : 안녕하세요, 제가 잡지에서 보니 같은 과 친구 이름이 있더라고요. 혹시 고대 국문과 나온 황미숙 씨 맞나요?

상대편 : 제 이름이 황미숙은 맞는데, 고대 국문과를 나오지는 않았어요. 그런데 무슨 일로 전화하셨어요?

신혜연 : 아…… 그럼 혹시 직원 안 뽑나요?

상대편 : 우리 회사에서 일하고 싶으세요? 그럼 잡지사로 한번 와 보세요.

그렇게 해서 신혜연 씨는 면접을 봤고, 채용됐다. 이전 직장에서 받던 높은 연봉과 좋은 근무 조건은 과감히 포기했다. 그 대신 〈행복이 가득한 집〉 결혼 파트에서 프리랜서로 3개월 동안 근무할 수 있는 기회를 얻었다. '프리랜서라도 하고 싶은 일을 한다는 건 얼마나 가슴 설레는 일인가?'라는 생각에 정신없이 근무하다 보니 3개월이 훌쩍 지나갔다. 입사 시험을 본 뒤 정식 기자가 되었다.

내가 나를 모를 수 있다

당시 불모지이자 태동기였던 인테리어 시장을 선도한 〈행복이 가득한 집〉의 사장님은 신혜연 씨에게 이런 조언을 했다.

"집은 사람의 인격을 보여 준다고 할 수 있지. 흔히 문화 트렌드의 변화는 가장 먼저 옷 입는 것에서부터 시작되는데 그다음이 집 고치기야. 그 후에 요리의 고급화, 문화적인 소양의 고양 등이 이어지지."

그녀는 사장님의 조언을 가슴 깊이 새겨들었다. 사실 주거 문화도 인테리어도 잘 몰랐지만 선배들을 따라 방배동 고급 빌라나 평창동 예술가 집 등을 부지런히 취재했다. 인간에게 집의 인테리어와 디자인이 얼마나 중요한지, 취재 도중에 수없이 경험한 문화적 충격을 통해 몸으로 익혔다. 그렇게 6년을 행복하게 일했다. 결혼과 육아 때문에 동반기자라는 타이틀로 2년 동안은 프리랜서로 일했다. 그러다 보니 한계가 느껴져 1997년 11월 퇴사했다.

육아에 전념하던 외중에 요리 잡지 〈쿠켄〉의 편집장 자리가 한 달 만에 공석이 되었다는 소식을 접했다. 〈행복이 가득한 집〉 근무 시절 사수였던 김형주 작가의 조언에 따라 서른다섯 살에 〈쿠켄〉의 편집장이 되었다. 마침 우리나라는 외식 문화가 확장되며 청담동 〈시안〉이나 〈비스트로〉 같은 레스토랑이 오픈하던 시점이었다. 1년 반 동안 근무하며 식문화 방면으로 인맥을 넓혔다. 그다음에는 〈데코 피가로〉에서 2년간 근무하는 등 여러 잡지를 거치며 경력을 쌓아 나갔다.

2006년도에는 신세계 백화점에서 펴내는 〈S 신세계 스타일〉 잡지 편집장 자리를 제안받았다. 백화점 잡지는 쇼핑 매거진이라 패션 화보와 뷰티 화보가 중심이 되어야 하는 것이 보통이다. 하지만 마침 신세계에서 7층은 패션과 뷰티 업체로 구성하고 리빙관을 8층과 9층에 두며 지하에는 식품관을 두어 리빙과 식품의 머천다이징을 강화하는 시점이었기에 그녀가 적임자였다.

잡지 업계의 특성상 이직이 쉽고 잦은데, 이직을 거듭할수록 주류에서 벗어나는 경우가 많다. 탄탄대로를 걸어온 듯한 신혜연 씨도 이직하면서 고민이 생기고 불안감이 엄습해 올 때마다 같은 업계에 있는 사수의 조언이 큰 힘이 되었다고 한다.

그녀처럼 같은 분야에서 근무하는 멘토가 있다면 이직이나 전직에 많은 도움이 된다. 그녀처럼 적절한 시기에 좋은 자리를 소개받을 수도 있다. '대체 멘토를 어떤 사람으로 두어야 하지?'라며 복잡하게 머리 싸매고 고민하지는 마라. 멘토는 누구든지 될 수 있다. 인간은 사회적 동물이기 때문에 말을 하며 생각이 정리되고 이해받는다는 사실 자체만으로 긍정적인 위로를 받는다. 그 대상은 동갑내기일 수도 있고, 나보다 나이가 많거나 적을 수도 있다.

매일매일 재미없게 일하는 현재의 상황을 심각하게 고민하는 당신을 이해하며 격려해 줄 수 있는 사람에게 많은 조언을 구하자. 여러 경우의 방안에 대한 대화를 진지하게 나누어 보자. 진짜 당신이 원하는 것이 높은 연봉인지, 좋은 근무 환경인지, 우수한 복지제도인지, 남에게 보이기 좋은 직함인지, 일에 대한 만족도인지, 자유로운 업무 성향인지, 함께 일하는 좋은 사람들인지에 대해 보다 정확하게 알 수 있을 것이다.

누군가에게 당신이 조언을 받았다면 시간이 지나 당신처럼 고민하는 누군가에게 당신이 함께 마음을 나누고 조언해 주면 된다. 당신이 멘토로부터 받은 고마운 조언은 시간이 흘러 당신처럼 고민하는 누군가에게 당신이 멘토가 되어 주고 조언해 주는 것으로 갚아 나가라.

04

<u>자격증보다 중요한</u>
진짜 스펙, 요령

어떻게 실행하느냐가 관건이다

한 취업 포털에서 기업 인사담당자를 대상으로 실시한 설문 조사 결과가 자못 흥미롭다. 승진 대상에서 누락되는 사람들의 공통점은 다음과 같다.

- 주어진 일만 처리한다 29.6%
- 본인의 성과를 부각하지 못한다 23.1%
- 실무자로서는 뛰어나지만 관리자의 역량이 부족하다 21.8%

조사 결과 무조건 열심히 한다고 해서 반드시 인정받는 것은 아니라는 것이다. 커리어에서 도약을 원한다면 책임감, 성과, 리더십 등의 덕목을 두루 키워가면서 자신의 능력을 요령껏 보여 주어야 한다. 단지 승진을 위해서만이 아니라 이직을 위해서도 필요하다. 다시 말해, 커리어 관리를 위해 필요한 건 자격증만이 아니라 '일 잘하는 요령'이라는 것이다.

만약 당신이 경력직을 채용하는 인사담당자라고 가정해 보자. 해당 직무와는 별 연관이 없는 불필요한 자격증만 늘어놓는 사람보다는 일을 매끄럽게 잘한다고 검증된 사람을 뽑지 않을까? 그렇다면 여기서 한 가지 의문이 든다. 어떻게 일해야 '요령 있게' 한다고 할 수 있을까? 어떻게 하면 내가 일 잘하는 사람이라고 소문날 수 있을까?

닛산 CEO인 카를로스 곤Carlos Ghosn은 "실행이 곧 전부다. 이것이 나의 지론이다. 전체 업무에서 아이디어가 차지하는 비중은 5퍼센트에 불과하다. 아이디어의 좋고 나쁨은 어떻게 실행하느냐에 따라 결정된다"라고 말했다. 그의 말처럼 실행이 제일 중요하다.

㈜한국 에보트 의약품 사업부에서 대리로 근무 중인 서정훈 씨는 실행력과 더불어 일을 잘하기 위한 노력과 요령을 바탕으로 원하는 회사로 계속 이직할 수 있었다. 수원대학교에서 수

영을 전공하며 3년간 수영 강사를 하던 그는 졸업을 앞둔 시점에서 취업 준비를 하며 뜻밖에 학력의 벽을 느꼈다. 학생회장 경력과 교수 추천서가 있어 어렵지 않게 취직할 수 있을 거라고 기대했기에 실망은 더욱 컸다. 체육계에서 인정받는 회사의 채용에서 면접 단계까지는 올라갔지만 소위 말하는 명문대가 아니라는 이유로 번번이 떨어지는 일이 반복되었던 것이다.

당연히 체육계에서 취업하게 될 것이라 생각했던 그는 내키지는 않았지만 다른 분야에도 입사지원서를 넣어야 했다. 건설, 제조, 운송 등 여러 분야의 기업에 지원했지만 체육 전공이기 때문에 서류전형에서부터 합격률이 높지 않았다. 운 좋게 서류전형을 통과하고 면접까지 올라가더라도 역시 마지막에는 전공 때문에 떨어지곤 했다.

그러다가 세일즈 분야로 눈을 돌리게 되었다. 사교적인 성격과 열정을 특별히 중요하게 여기는 분야라 전공에 의해 당락이 크게 좌우되지는 않았다. 자동차나 보험 업종보다는 제약 분야의 영업이 고연봉에 안정적이라는 판단하에 제약회사에 지원했고, 지원한 5개 회사 중 3곳에 합격했다. 그중에서 최종 선택은 삼일제약이었다.

어렵사리 들어간 회사였지만 사람의 마음이란 정말 알다가도 모를 일이었다. 입사의 기쁨은 짧았고 이직의 유혹은 길고도 끈질겼다. '임원까지 올라가 보자!'라는 목표를 세우고 3년간 근무하다 보니 같은 일을 하더라도 더 좋은 조건과 품목으로 영업할 수 있으며 복지제도까지 좋은 회사에서 일하고 싶은 소망이 강렬해졌다. 회사에서 그는 성실하게 일 잘하는 사원으로 인정받았고 실적도 좋았지만, 기왕이면 좀 더 전문적으로 일해 보고 싶어 외국계 제약회사로 눈을 돌렸다. 자격 요건을 보니 국내 회사에서의 뛰어난 실적, 그리고 의사들과 교수의 추천이 필요했다. 서정훈 씨는 '무작정 회사를 그만두는 모험을 감행하기보다는 성공적으로 이직하는 요령을 알아야겠다'고 생각했다. 취업을 준비하는 과정에서, 무작정 입사지원서를 내기보다 요령껏 준비해야 한다는 사실을 깨달았기 때문이다.

퇴근 후 잠들기 전까지 구직 사이트를 꾸준히 검색하며 채용 정보를 모았다. 또한 제약 업계 종사자들이 많이 모이는 인터넷 카페에 가입하고 활발하게 활동하기 시작했다. 정기 오프라인 모임에도 참석해 운영진과 친분을 쌓았고, 그렇게 친해진 사람들과 비공개 스터디 모임을 만들어 모임의 운영장을 맡기도 했다. 한편으로는 헤드헌팅 회사에서 주최하는 강연이 있을 때마다 참석해 이직을 위해 어떤 공부가 필요한지 파악했다. 의사들에게 전문 용어를 써 가며 약에 대해 영업 활동을 하려면 해당 질환에 대한 공부가 필수였다.

처음에는 논문도 제대로 읽을 줄 몰라 혼자 공부하며 막막함을 경험했던 그는 이번에는 좀 더 효율적인 공부 방식을 도모

했다. 소수 정예 멤버 15명으로 스터디 그룹을 만들어 세일즈 스킬, 실제 마케팅 업무 사례를 연구했고 논문 리뷰를 공유했으며, 한 달에 한 번 자체 세미나를 여는 등 열심히 준비했다.

좁은 문도 끝없이 노력하면 열린다

문이 좁은 만큼 들어갔을 때의 기쁨은 이루 말할 수 없다. 반면에 실패했을 때는 쓸쓸하고 마음이 무척 아프다. 그 아픔을 극복하는 방법은 바로 두려워하지 않고 다시 시도하는 것이다. 서정훈 씨는 치열하게 노력하며 외국계 회사로의 이직을 준비했지만 탈락의 고배를 마셨다. 한 번, 두 번, 세 번…… 연이은 탈락에 낙심했지만 '그래, 떨어지는 횟수만큼 면접 스킬을 익히는 셈 치자'라고 자신을 달랬다. 일곱 번 떨어진 끝에 드디어 여덟 번째 면접에서 합격할 수 있었다.

제약 영업은 전국에 있는 병원을 돌아다녀야 하는 업무이기에 강한 체력은 기본이었고 약품에 대한 전문적 지식이 필요했다. 이런 점을 몰랐을 때는 '그저 우직하게 일만 잘하면 이직할 수 있겠지'라고 막연히 생각했지만, 이직은 생각만큼 그리 만만하지 않았다. 인지도 있는 회사일수록 회사에서 자신을 채용하고 싶게 만들기 위한 요령이 필요했다. 사실 요령이라는 것도 알고 보면 대단한 건 아니다. 하지만 알면서도 실행하지 않으면 아무런 소용이 없다.

해당 분야에 대한 경험이나 요령은 사실 일을 하며 터득하는 것이 정답이다. 재미있는 사실은 일의 '분야'는 달라도 '속성'은 비슷해서 어디서든 한 번 터득한 요령은 여러 분야에서 사용된다는 것이다.

미국에서 25년 경력의 베테랑 영업사원으로 일하던 M씨는 난데없이 경기가 좋지 않다는 핑계로 해고 통보를 받는다. 실직수당을 받으며 경력직 구인광고를 찾아보았으나 그와 비슷한 수준의 경력자들이 치열한 경쟁을 벌이고 있었다. 그러던 어느 날 가구점을 운영하는 친구에게 '창고 정리를 위해 처리해야 하는 침대 매트리스 한 트럭분을 팔아 보라'는 제안을 받게 된다. 그는 경기 침체로 문을 닫은 자동차 쇼룸을 임대해 매트리스 세일전을 열었고 매트리스는 성공리에 판매되었다. 하지만 매트리스에 대한 지식이 없었기 때문에 "어떤 종류의 매트리스를 구매하면 좋을까요?"라는 고객의 질문에 제대로 답변하지 못했다. 이후 제품에 대해 공부하며 이전에 익혔던 영업 실력으로 2년 만에 가족을 부양할 만한 수익을 낼 수 있게 되었다.

만약 M씨가 실전보다 공부라면서, 가구 사업을 위해 가구 관련 자격증 따기를 먼저 시도했다면 수익을 내는 시점이 상당 시간 지연되었을 것이다. 이처럼 일은 하면서 배우는 게 더 많다. '이런 건 모두 나이 어린 사람들에게나 해당되는 이야기지!'라고 생각할 수도 있다. 상대적으로 회사는 나이가 적으면서도 월급은 적게 줄 수 있는 직원을 선호한다. 하지만 모두가 그런 것은 아니다.

에스 핫요가 용인수지점의 윤주희 대표는 타 요가원과는 다른 방식으로 직원을 채용한다. 요가라는 운동의 특성상 보통은 젊고 늘씬하며 예쁜 강사들을 선호하지만, 그는 나이에 무관하게 노련하고 열심히 일할 수 있는 직원을 뽑는다. 실제로 그의 요가원에는 41세, 45세 등 40대 강사가 여럿이다. 그녀는 텔레비전에도 출연하고 화려한 프로필을 가진 늘씬하고 예쁜 직원도 채용해 보았다. 하지만 근무 태도가 엉망인 경우가 많았다. 수차례 곤혹스러운 사건을 치른 이후로는 아무리 젊고 예쁘고 자격증을 많이 소지하고 있더라도 30세 이상의 직원을 선호한다. 그들은 운동하러 오는 회원들과 커뮤니케이션을 통해 유대 관계를 유지하는 것이 자신이 오래 근무할 수 있는 요령임을 경험을 통해 알고 있기 때문이다.

혹시 지금 이직을 위해 가장 먼저 자격증 취득을 떠올리고 있는가? 그 방법도 좋지만, 그보다 실질적 요령을 얻으려면 이직하고 싶은 분야의 사람들에게 먼저 조언을 구하라. 그리고 가능하다면 스터디 모임 등을 구성하고 발로 뛰며 있는 자리에서 인정받는 '요령'도 함께 준비하는 것이 좋다. 준비된 업무 능력이 허울뿐인 자격증보다 요긴하게 쓰일 수 있기 때문이다.

05

꾸준한 삽질로 버티고 인정받기

불안정한 시대에 전문가로 살아남기

우리는 불안정한 환경에 대한 불안극대화 심리를 가지고 이 시대를 살아간다. 그래서인지 안정된 전문직, 공무원, 대기업 입사를 희망하는 이들이 지나치게 많은 것 같다. 물론 전문성을 갖추겠다는 목표는 좋다. 중요한 건 전문성에 대한 본인의 태도이다. '士사' 자가 붙은 직업만이 전문직은 아니다. 그들만이 전문가는 아니다. 오랜 시간 한 분야에서 연구하고 공부하며 일한 사람들을 말 그대로 '전문가'라고 부르는 것이다.

의사를 예로 들어 보자. 6년 동안 학부에서 의학 공부만 한다고 끝나는 게 아니라 인턴, 레지던트, 펠로 등을 거쳐야 전문의가 될 수 있다. 이는 일반적으로 회사원이 팀장급이 되는 시간과 맞먹는다.

요즘은 대표 전문직군으로 꼽히는 의사, 변호사, 회계사 등도 공급 과잉으로 일자리가 줄어들고 있다. 개업한다고 모두 잘되는 것도 아니고 빚잔치로 끝나는 경우도 많다. 그러니 너무 그들을 부러워하지 마라. 본인이 몸담고 있는 분야에서 '저 사람 만큼 잘 아는 사람은 없어'라든가 '저 사람한테 일을 맡기면 확실하게 처리하지'라는 평가를 받을 수 있다면, 그런 사람이 전문가이고 그가 하는 일이 전문직이다.

전문가가 되는 첫 번째 방법은 '실수를 하되 같은 실수를 반복하지 않고 개선하는 것'이다. 실수했다는 건 시도했다는 말이고, 시도해서 실수했다는 건 다음번에는 더 좋은 방법을 찾을 가능성이 높다는 의미이다. 동일한 실수를 반복하면 말 그대로 실수가 되지만, 그 실수를 개선해서 좋은 방향을 찾는다면 이땐 과정이 되고 실력이 된다.

내가 사회생활을 하며 했던 수많은 실수들 중에 기억에 남는 것은 개인 채팅창을 열어 놓고 퇴근한 사건이었다. 채팅창은 당연히 '부당한 대우에 항변하는 정의로운 사원이 같은 부서의 팀장을 비난하는 내용'이었고, 이 사건 이후 사내에서 메신저로 개인적인 이야기를 하지 않게 되었다. 보고서를 제출할 때도 한 번 더 보고, 회의 준비 자료 한 번 더 보며, 거래처 미팅 시에도 한 번 더 준비하게 됐다. 실수가 업무에 긍정적 영향을 주었으니, 값비싼 수업료를 낸 셈이다.

전문가가 되는 두 번째 방법은 '절대, 절대, 포기하지 않는 것'이다. 어떤 일을 그만두고 싶거든 '포기'라는 단어가 아니라 '노선선회'라는 단어를 써라. 벽에 부딪히면 다른 길로 돌아가면 그뿐이다.

증권 업계 리서치 전문가 P부장은 본인이 입사한 회사가 반복적으로 파산하는 사건을 겪으면서도 그 분야를 떠나지 않고 업무 스킬을 쌓았다. 그 결과 지금은 증권 업계에서 스카우트 경쟁이 치열할 만큼 알아주는 인재가 되었다.

P부장은 제3세계의 개발연구에 기여할 꿈을 안고 1996년, 첫 직장인 대우경제연구소에서 해외 경제 분석 업무를 맡게 된다. 당시만 해도 대우그룹은 '세계경영'을 표방한 대기업이었기 때문에 그에게는 이상적인 직장이었다. 2년간 아프리카에서 파견근무도 했고, 다양한 실무 경험을 통해 '이제 나도 뭐 좀 알겠어'라고 어깨를 으쓱거릴 만한 4년 차에 대우그룹은 파산했고 연구소는 매각됐다. 동시에 그의 바람과 꿈도 눈앞에서 공중분해됐다.

　그는 어떻게 해야 했을까? 망연자실한 채 넋 놓고 앉아 있을 수만은 없었다. 그는 새로운 기회를 찾아 나섰다. P부장은 현대투자신탁의 리서치 애널리스트로 이직했다. 정상적으로 회사 생활을 했지만 다시 4년 만에 회사가 매각되며 타의에 의해 이직하게 된다. 직장 생활 8년 차에 두 번째 다니던 회사조차 폐업했다. 하지만 낙심할 틈도 없이 새로운 직장을 얻었다. 당시 애널리스트는 시장 수요에 비해 공급 부족이었기에 어디든 갈 회사는 많았다. 실력이 뒷받침되었기 때문이다.

　이후 세 번 정도의 이직을 감행했다. 사유는 다양했다. 일이 적성에 맞지 않아서, 같이 일하는 사람이 마음에 들지 않아서, 연봉이 많지 않아서, 더 큰 기업에서 일하고 싶어서 등이었다.

　'일하기 싫어 도피하면서 이를 정당화하기 위해 이직에 필요한 핑계를 대고 있는 건 아닐까?'라며 자신을 돌아보는 시점에 신생 증권사에서 스카우트 제안을 받았다. 일반 증권사 리서치의 업무는 독립성이 보장되지 않으며 시키는 일만 해야 한다. 하지만 신생 증권사에서는 마음에 맞는 이들을 영입하여 원하는 방식으로 리서치를 하는 방식으로 센터장을 맡을 수 있었다. P부장은 이 기회를 통해 크게 성장한다.

전문가란 오랜 기간 한 가지 일을 하며 버틴 사람이다

원하는 방식으로 원하는 사람들과 원하는 일을 한다면 이상적으로는 당연히 행복해야 한다. 자유로운 업무 환경이 주어졌다면 결과에 대한 책임도 당연히 선택한 사람이 짊어져야 한다. 본의 아니게 함께 일하는 사람들의 리더 역할을 하다 보니 P부장은 40대 초반임에도 남들은 50대에 겪는 갱년기 증상이 왔다. 그래도 일은 즐거웠다. 신생 리서치 회사에서는 쉽게 이루어 내지 못할 붐을 일으키며 눈부신 성취를 이루었다.

전문가가 되기 위한 세 번째 방법은 '선택한 일에 대해 책임을 지는 것'이다. 첫 단추가 잘못 끼워졌다고 끝까지 잘못되는 건 아니다. 잘못 끼운 단추는 풀었다가 다시 고쳐 잠그면 된다. 몇 번이고 잘못 끼더라도 다시 채우기를 멈추지 않으면 된다.

전문가가 되기 위한 네 번째 방법은 '끊임없는 삽질을 시도하는 것'이다. 《삽질 정신》의 저자이자 '공모전 23관왕'인 박신영 씨는 수많은 삽질을 통해 전문가가 되었다. 대학을 졸업한 뒤 제일기획에서 근무했고 지금은 교육 컨설팅 업체 폴앤마크Paul & Mark에서 콘텐츠 사업부 소장을 맡고 있다. 지금은 20대들의 대표 멘토로서 다양한 분야에서 강의하고 있다.

그녀는 대학에 갓 입학했을 때 막연하게 동아리 활동을 하고 싶어 광고학회에 들어갔다. 경영학 전공도 아니었고 광고 공모전에 관심도 없었지만 선배들이 "대충이라도 아이디어 생각해 와"라고 말하면 20개씩, 100개씩 내곤 했다. 메신저로 공모전 회의를 할 때는 모르는 용어가 너무 많아서 회의 후 대화 내용을 전부 프린트해서 모르는 용어는 인터넷 검색으로 찾아보고 형광펜으로 그어 가면서 공부해 나갔다. 이왕 시작한 이상 실력을 갖추고 싶었고, 책상에서 배운 걸 공모전을 통해 현업에서 테스트할 수 있다는 매력에 빠졌다.

하지만 일단 기본 실력이 없으니 삽질부터 시작했다. 대체 기획서가 무엇인지부터 알아야 했다. 잘한다는 사람들의 기획서를 검색해 '딱 100개만 보자'는 생각으로 10개를 보니 잘 쓴 기획서가 어떤 것인지를 알게 됐고, 20~50개를 보니까 '아 이런 게 좋다, 이런 건 너무 별로다'라는 감이 왔다. 다운받은 PPT 자료가 PDF 파일이거나 쇼보기일 때는 캡처해서 따라했다. 예를 들어 예쁜 폰트를 발견하면, 그 글자 옆에 같은 모양의 글자를 써서 같은 폰트가 나올 때까지 계속 폰트를 바꿔 가면서 찾았다. 잘하는 사람들의 스타일을 따라 공부하며 자기만의 스타일을 재창조해 갔다.

그녀는 자신이 논리적이지 않고 감성적인 편이라고 생각해서 논리적인 사고를 키워 나갔다. 기획서를 보며 한 장을 한 줄로

요약하는 연습을 통해 구성력을 키워 나갔고, 창조력을 키우기 위해 하루 200권씩 동화책을 읽었다. 독특한 문장들을 따로 적어 두었다 적용해 보면서 절대량을 채우는 습관을 키웠다. 이와 같이 자신의 관심 분야에 대한 깊고 넓은 삽질로 지금의 기획서 전문가가 되었다.

그녀가 책을 통해 말하는 삽질 정신은 '묵묵하게 열심히 한 가지를 해 나가는 것'이다. 한 가지를 오랫동안 해 나가다 보면 당연히 그 분야의 장인이 되고 전문가가 된다. 현재는 자신의 노하우를 담은《기획의 정석》을 출간해 베스트셀러 작가도 되었다.

성급하게 1년 혹은 2년 안에 전문가가 되고 억대 연봉을 받겠다는 발상은 버려라. 그런 일은 드라마나 영화에서만 일어나는 허상이다. 제대로 인정받으면서 이직하고 싶은가? 지금 당신의 자리에서 전문가가 되겠다는 생각으로 무식하더라도 삽질해 보자. 당신이 알지 못하는 사이, 당신이 하찮고 지겹다고 느끼고 있는 그 일이 당신을 전문가로 만들어 줄 열쇠일지도 모른다.

06 진정한 퍼스널브랜딩이란 이런 것

'저 한심한 자식, 공부도 제대로 못하면서 자전거 타기에만 푹 빠져 있다니.'

사람들은 그를 비웃었다. 난독증 때문에 비록 열다섯 살에 학교를 떠났지만 프로페셔널 사이클리스트를 꿈꾸던 껑다리 소년에겐 희망이 있었다.

그는 '현재는 가난하고 학벌도 없지만 분명 미래에는 대단한 사람이 될 것이다'라며 밝은 미래를 꿈꾸었다. 하지만 어른들은 그를 향해 손가락질했다. 엎친 데 덮친 격으로 자동차 사고를 당해 자전거를 탈 수 없게 됐다. 희망을 잃은 청년은 술집에서 술이나 마시며 시간을 허비하다 평생의 동반자인 폴린 데니어Pauline Denyer를 만나 결혼하게 된다. 가진 재주가 없으니 친구의 옷 가게 일을 돕다 1976년, 서른 살이 돼서야 자신의 이름을 딴 가게를 연다.

그는 남성복으로 출발한 컬렉션을 1987년엔 화장품, 1990년엔 아동복, 1994년에는 여성복으로 확대했다. 회사는 총 직원 3000명으로 성장했고, 그는 1995년에는 여왕수출공로상Queen's Award for Export을, 2000년에는 기사 작위를 받았다. 바로 럭셔리와 브리티시의 대명사 '폴 스미스Paul Smith'의 이야기이다.

멀티 스프라이프로 대변되는 폴 스미스는 파슨스 디자인 스쿨Parsons The New School for Design을 졸업하지도 않았고, 막대한 집안의 지원도 없었지만 독학으로 패션 제국을 일으켰다. 그는 노팅엄의 펍에서 미대생이나 예술가들과 어울리며 당시 예술가 패션을 어깨너머로 배웠다. 다시 한 번 강조하지만 그에게는 명문대 졸업장도 뛰어난 집안 배경도 없었다.

"나의 가장 큰 자산은 나 자신이다. 본인의 성장 가능성을 키우는 것 역시 본인의 몫이다. 영감은 당신의 온 주위에 있다

Inspiration is all around us"라는 철학을 가지고 디자이너로서 작업을 이어 온 그는 많은 패션 브랜드들이 금융 회사의 투자를 받아 브랜드를 성장시킬 때에도 자신다움, 폴 스미스다움을 지키기 위해 자신이 대주주로 남는 선택을 했다.

나다움을 지킨다는 것은 무엇일까? '폴 스미스 같은 거장이기에 자신의 성장 가능성을 개척하는 게 가능한 일이 아닐까?'라는 의구심이 들 수도 있다. 하지만 의외로 우리 주변에는 자신의 가능성을 개척하는 이들이 많다.

글 쓰는 바리스타인 김희정 작가는 5년간의 직장 생활을 그만두고 이탈리아로 여행을 떠났다. 그리고 그 여행 중에 마신 커피 한 잔에서 삶의 방향에 대한 영감을 얻는다. '커피가 이렇게 맛있을 수도 있구나!'라고 생각하며 우리나라로 돌아와 다음 직장을 구하기 전까지 한 달 정도의 여유 시간 동안 바리스타 과정을 취미로 배우게 된다.

이때까지만 해도 그녀는 자기가 스스로의 가능성을 개척하는 중이라는 사실을 깨닫지 못했다. 그도 그럴 것이 늘 그녀가 꿈꾸던 것들은 막연하기만 했다. 아버지의 직업 때문에 중국에서 청소년기를 보냈고 우리나라에서는 한문학과에 입학했다. 졸업 시즌이 다가오자 방송국 라디오 PD가 되고 싶었다. 그래서 방송사 시험을 봤지만 매번 탈락했고 부모님께 용돈을 받고자 내미는 손이 부끄러워졌다. 막연하게 '내가 벌이를 하며 공부를 더 하자'고 생각했고 연봉이 높은 ㈜한국화이자제약 영업부에 입사했다. 다행히 일은 재미있었다. 담당하는 제품에 대한 논문을 읽고 임상 데이터를 분석해 제품에 대한 설명을 하고 실적을 내며 4년을 보냈다.

하지만 어느 정도 주변을 둘러볼 여유가 생기자 '내가 진짜 원하는 게 뭐지?'라는 생각이 들었고 자아성찰의 시간을 갖게 된다. 글 쓰는 것, 사진 찍는 것, 사람 만나는 것, 타인에게 무언가를 주는 것을 좋아하니 언젠가 지금 하는 일과 연관 지어 사회에 재능 기부를 하려면 막연히 새로운 공부가 필요하겠다는 생각이 들어 대학원에 진학했다. 공부를 하면서도 '이게 아닌데……' 싶었지만 생활을 유지하려면 필요한 여러 상황들에 휩쓸려 다시 1년을 보냈다. 회사 내에서 부서를 옮기고 싶었지만 이마저 여의치 않았다.

그렇게 갈등이 계속되던 어느 날 아침, 문득 '이대로는 안 되겠다'라는 생각이 들자 홀연히 그날 바로 회사에 사표를 던진다. 멋지고 통쾌하게! 그리고 5년간 수고한 자신을 위해 선물한 여행에서 마셨던 어느 날의 커피 맛을 기억하며 유보한 꿈을 꺼내 본다. '회사는 30대 중반까지만 다니고 그런 다음에는 카페를 운영하며 글을 쓰는 삶을 살아야지' 하며 꿈을 꾸었지만, 왜 그것을 당장 실현하려는 생각은 하지 못했을까?

그녀는 귀국 후 커피에 대해 배우면서 너무 재미있어서 심장이 뛰는 경험을 하게 된다. 그것을 계기로 몇 년 후에 이루려던 꿈을 앞당기기로 했다. 그저 취미로 배워 두려 했지만 어느새 바리스타 자격증까지 취득하게 되었다. 그러나 30대 초반의 그녀에게 바리스타 면접에서 돌아오는 대답은 언제나 "나이가 너무 많고 경험이 없어서 채용이 힘들겠어요"라는 것이었다.

의지와 끈기는 무서운 재능이다

나이가 어린데 경험이 없는 것과 나이가 많은데 그 분야의 경험이 없는 것은 다르다. 고용하는 사람 입장에서는 어리고 저렴한 임금을 받는 사람을 선호하기 마련이다. 하지만 가능성은 실패하는 횟수만큼 높아진다. 그녀는 트위터를 통해 카페 〈달콩〉의 구인 공고를 읽고 담당자에게 쪽지를 보내 면접을 보았고, 합격하게 된다.

그리고 바리스타로 일하던 중 막연하게 하고 싶었던 '글쓰기'와 관련된 모집 공고를 읽게 된다. 바로 내가 진행했던 〈여행 에세이 스쿨 1기생〉 모집 공고였다. 글쓰기에 대한 호감만 있다면 두 달간 나와 함께 글쓰기를 하며 그 결과물을 전자책으로 출간해 저자가 될 수 있는 클래스였다. 그녀는 스스로 수차례 교정을 거쳐 《다시, 사랑을 꿈꾸다》라는 전자책을 출간했다. 이를 계기로 주변인들에게 '글을 쓰고 있다'는 사실을 알린 덕분에 출판사를 소개받게 된다.

성실하게 정성껏 〈출간제안서〉를 제출했고 샘플 작업을 하며 정식 저자로서 출간을 준비하고 있다. 그리고 글을 쓰면서 돈도 벌 수 있는 일을 찾다가 사보 기자로 이직하기로 한다. 이번에도 물론 많은 나이와 적은 경력, 그리고 전무한 경험이라는 제약 조건이 있었지만 이마저도 극복하여 현실을 개척했다. 그녀는 이제 자유기고가로서 '글쓰는 사람'이라는 바람대로 밥벌이를 하고 있다. 물론 수입은 줄었지만 행복하다.

물론 그녀처럼 직업을 바꾸고 새로운 도전을 하는 것은 쉽지 않다. 벌이가 줄어들고 고용안정성이 보장되지 않아서 괴롭다면 다시 생각해 보라. 주변 시선이 의식된다면, 그래서 그 일에 도전하지 못하는 것이라면 그것은 진정한 꿈이 아니다.

인간의 의지란 정말 무서운 재능이다. 무언가를 해 내려는 의지는 불가능을 가능한 현실로 만들어 준다. 가난이라는 지긋지긋하고 무서운 상황에서 아버지가 없어 추위에 떨며 굶주리는 일곱 조카를 위해 빵 한 조각을 훔친 죄로 19년의 감옥살이를 한 장발장. 그는 그를 외면하는 차가운 세상에 깊게 절망한다. 우연히 만난 신부님의 사랑을 통해 새사람이 되기로 결심하고 이름을 '마들렌'으로 바꾸어 튼튼한 신체와 강인한 의지력을 바탕으

위기를 기회로 바꾸는 전략 세우기　　　　　　　　　　　　　　　　**Part 3**

로 시장의 자리까지 오른다.

가난으로 신음하며 고통 받는 사람들을 도와 과거의 과오를 씻고 사람들의 존경을 한 몸에 받는 사람이 된 것이다. 그의 의지는 보호관찰을 벗어난 탈옥수를 시민들에게 존경과 추앙받는 시장으로 그를 변화시켰다. 비극 속에서도 결코 체념하거나 포기하지 않는 희망과 의지의 아이콘으로서 빅토르 위고Victor-Marie Hugo의 소설 《레 미제라블Les Miserables》은 이후 세계 각국에서 뮤지컬, 연극, 영화로 재현되며 감동을 주고 있다.

트렌디한 배우로 세상에 이름을 알린 앤 해서웨이Anne Hathaway는 영화 〈레 미제라블〉의 출연을 위해 11킬로그램 체중 감량부터 삭발까지 마다않는 연기 투혼을 보였다. 하지만 그녀는 애초에 판틴 역에 고려조차 되지 않았다고 한다. 프로듀서들은 '그녀가 판틴 역을 맡기에는 너무 어리고, 코제트 역이나 에포닌 역을 맡기에는 나이가 너무 많다'고 생각했다. 하지만 그녀는 굴하지 않았고 LA까지 가서 판틴의 명곡을 모두 준비해 3시간 동안 오디션을 본 뒤 결국 판틴 역에 캐스팅됐다.

당신도 하고 싶은 일이 있다면 될 수 있다는 신념을 가지고 처음에 거절당하더라도 포기하지 말고 될 때까지 두드려 보고 노력하라. 그것이 어떤 일이든, 언젠가는 어떤 방식으로든 이루어진다는 믿음이 가장 중요하다. 그리고 그러한 긍정의 의지가 당신 안에 있음을 믿어라.

07

입이 무거울수록
깊어지는 신뢰

말하기보다 듣기 점수가 중요하다

불필요한 말을 너무 많이 하게 되면 자연히 실수도 하게 된다. 성공한 사람들은 말을 많이 하기보다는 상대방의 말을 잘 듣는다. 삼성그룹 이병철 회장이 첫 출근하는 아들 이건희 회장에게 준 휘호도 바로 '경청'이다.

하지만 우리는 매번 어느 정도는 자신의 의견을 말해야만 하는 상황에 놓인다. 특히 상사가 무얼 묻는데 상대방의 말을 듣기만 한다면 어떨까? 반대로 상사의 말은 듣지도 않고 자기 할 말만 한다면? 심지어 그것이 전 회사의 험담이라면 더욱 좋을게 없다.

요즘처럼 사회적 네트워킹의 연결이 쉽고 강력해진 세상에서 전 회사의 험담을 한다는 건 자기 얼굴에 침을 뱉는 일이다. 실제로 아웃소싱업체 인사팀에서 근무하는 M상무는 경력직 면접에서 가장 한심한 대답은 전 회사에 대한 험담이라 말했다.

면접관 : 전 회사를 퇴사한 이유가 무엇입니까?

면접자 : 말도 마세요. 월급은 쥐꼬리만큼 주면서 허구한 날 야근에, 상사들은 또 어찌나 한심한지…… 거기다 저처럼 양심적인 사람이 견딜 수 없는 비도덕적인 행위들을 어찌나 하는지 참 힘들었습니다. 저는 노력한 만큼 정당한 대우를 받는 직장에서 일하고 싶습니다!

누가 '이처럼 한심한 대답을 할까' 싶다고? 실제로 많은 사람들이 본인도 모르게 은연중에 전 회사에 대해 불편한 기색을 내비치는 경우가 많다. "밖에서 보는 이미지와 실체가 달랐습니다"라는 말도 사실 따지고 보면 전 회사에 대한 험담이다. 특히 단기간에 분야를 달리한 이직을 자주 한 경우 '한 곳에 적응 못하는 사람'으로 비추어질 수 있기 때문에 이직 면접 시 신중해야 한다.

국회 보좌관에서 글로벌 컨설팅으로 분야를 바꾸어 이직한 C씨는 이런 측면에서 현명하게 행동했다. 그는 우리나라의 한 대학교에서 정치외교학과를 졸업한 후 국회 보좌관으로 일했다. 하지만 이상과 현실의 괴리를 몸소 느끼게 된다. 정책을 담당하는 보좌관은 생각보다 많은 권한이 주어진다. 보좌관들이 리서치, 인터뷰, 자료 분석을 통해 결정한 종합적인 결과물을 국회의원에게 보고하고 그가 최종 결정하여 안건을 제시하는 방식으로 일하기 때문이다.

국회의원의 열의도 중요하지만 어떤 보좌관들이 그와 함께 일하는지도 중요하다. 따라서 보좌관은 좋은 정책을 구성할 수 있는 전문성을 가진 사람이어야 한다. 정치인과 정책을 만드는 것은 그 역할이 다르다. 그러나 보좌관들 중에도 정책을 만드는 것보다 인맥을 통해 정치인이 되고 싶어하는 이들이 많다. 정책에 대한 전문성보다 네트워킹에 주력하다 보니 원래는 반대하던 의견에도 찬성표를 던지게 되며 원래의 목적을 잃고 권력과 탐욕을 좇아 뱅뱅 도는 정치한량이 되기도 한다. 그는 그런 선배들의 모습을 바라보면서 '내 미래도 저렇게 될까?'라고 고민하며 방황했다.

C씨는 일은 너무 재미있었고 복지제도도 좋았지만 '자신의 실력에 대한 이상과 현실의 괴리'에 마주 서게 된다. 그의 생각에

자신의 실력은 누구에게도 뒤처지지 않을 만큼 뛰어나지만, 매번 현실의 벽 앞에서 문제를 해결하지 못하고 동동거리는 자신을 마주한 것이다. 게다가 자신이 방대한 법안을 다루기에는 능력이 부족하다고 깨달았고 좀 더 전문성을 갖출 필요가 있겠다고 생각한다.

전문성을 좀 더 보완해서 제대로 일하기 위해 국회를 나와 일본에서 정책 석사과정을 공부했다. 그리고 대학원 졸업 후 일본에서 정책 애널리스트로 첫 직장 생활을 했다. 제대로 자신의 실력을 쌓은 다음에 한국으로 돌아가리라 마음먹었다. 일본 정부의 정책에 대해 리서치, 분석, 제안하는 일, 일본과 한국의 정책에 대한 비교분석을 하며 실력을 쌓아 갔다. 일은 재미있었지만 오랜 시간 외국 생활을 하다 보니 외로움이 짙어졌다. 결국 일본 생활을 정리하고 고국으로 돌아와 경영 컨설팅 회사에 지원한다. 빠르게 돌아가는 국내 산업의 흐름과 트렌드를 단시간에 파악하고 싶었기 때문이다.

준비될 때 기회는 찾아온다

자, 이제 당신이 경영 컨설팅 회사의 인사담당자라고 생각해 보자. 입사지원자는 경영이나 컨설팅과 관련된 경력은 전무하다. 정치에 대해 연구하던 사람이 대체 왜 우리 회사에 들어오고

싶어하는지 당연히 궁금하지 않겠는가? 다음 질문에 어떻게 대
답하면 좋을까?

> **면접관** : 국회처럼 안정되면서도 인정받는 직장을 퇴사한 이유
> 가 무엇이죠?
>
> **C 씨** : 국내와 국외에서 정책을 연구하며 두 나라의 큰 흐름과
> 시장을 파악하는 능력이 생겼습니다. 물론 국회는 좋은
> 직장이며, 저를 성장하게 해 주었습니다. 제가 국회에
> 서 했던 정책에 대해 리서치, 분석, 제안하는 일은 제게
> 산업의 흐름을 분석하는 시야를 넓혀 주었습니다. 저는
> 이런 업무 경험이 경영 컨설팅을 하기 위해 좋은 초석
> 이 되었다고 생각합니다.

C씨는 전 직장에 대해 험담하지 않았고 기존에 자신이 하던
업무를 현 직장의 업무와 연결시켰으며 동시에 자신이 해당 업
무에 적합한 인재라고 설득했다. C씨가 만약 전 직장에 대한 욕
을 늘어놓았더라면 '이 사람은 우리 회사를 나가더라도 이렇게
행동할 사람이군'이라는 인식을 심어 주었을 것이다.

하지만 C씨처럼 분야를 바꾸어 이직하려 시도한 L씨는 말
실수 때문에 낭패를 봤다. L씨는 중소기업에서 근무하며 전문 강
사가 되기 위해 퇴근 후 학원에 다니고 각종 교육에 참여하는 열

위기를 기회로 바꾸는 전략 세우기

의를 보이다 드디어 강의 업체에 입사할 수 있는 기회가 생겼다.

의례적으로 전 직장에 대한 퇴사 이유를 묻는 면접관에게 잘 보이고 싶은 과한 마음에 "그곳은 자기발전을 기대할 수 없는 회사이며 내부 시스템이 형편없습니다. 저는 제 가슴이 뛰는 일을 하고 싶습니다"라고 대답했다.

하지만 L씨가 다니던 회사는 면접관이 이전에 신입사원 교육을 위해 강의를 한 적이 있는 곳이었다. 그는 그 회사 인사담당자에게 전화를 걸었다. 그러자 해당 기업 인사담당자는 L씨에 대해 충격적인 평가를 전했다. 그는 잔업이 남아 있어도 퇴근하는 통에 그의 일을 다른 사람들이 떠맡게 되기 일쑤였고, 업무 시간에도 자기발전을 위한 공부를 한다고 동영상 강의를 들여다봤다고 했다. 그가 직원들에게 상사에 대한 험담을 너무 많이 하고 다닌 나머지 당사자의 귀에도 그 말이 들어가 사태를 진정시키느라 곤혹스러웠다는 에피소드까지 들었다. 결국 L씨는 불합격했다.

아직 오지도 않은 미래를 준비하느라 현재에 소홀했다간, 꿈꾸던 미래는 절대 오지 않는다. 매 순간 열심 있는 태도로 살아가는 것이 무엇보다 중요하다는 사실을 잊지 말아야 한다.

01 불리한 조건을 유리하게 바꾸는 기술

02 회사가 지금 꼭 뽑고 싶은 직원의 조건

03 네임밸류나 근무 조건만 보고 낚이지 않는 법

04 무조건 충성하는 인재는 매력이 없다

05 돈만 밝히다가는 돈에게 밟히게 된다

06 약이 되는 자격증, 독이 되는 자격증

07 이직 후 3개월이 인생을 좌우한다

Part 4

이직은 또 다른 인생 설계

01 <u>불리한 조건을</u>
유리하게 바꾸는 기술

자신에 대해 냉정하게 평가하라

당신이 한 기업의 대표라고 가정해 보라. 당신 회사의 주력 상품은 바로 '당신'이다. 객관적으로 고객이 당신을 구매하기 위해 돈을 내야 한다면, 얼마나 지불하겠는가? 다른 인력 상품에 비해 어떤 점이 뛰어나고, 어떤 점이 부족하며, 어떤 점이 대체불가능한 당신의 고유한 아이덴티티일까? 그 가치는 모든 사람이 보기에도 타당하게 인정되는 것인가?

누구나 자신의 지갑에서 돈이 나갈 때 신중해진다. 특히 고

가일수록 더욱 그렇다. 하다못해 마트에서 과일 하나를 사도 만져 보고, 냄새도 맡아 보고, 빛깔도 보며, 두드려도 보면서 이 과일, 저 과일을 비교하게 된다. 인력 채용에선 더욱 신중해질 수밖에 없다. 이직하고 싶다면, 자기분석은 반드시 필요하다.

고기도 먹어 본 사람이 잘 먹고, 연애도 하던 사람들이 계속 잘한다. 그래서 부익부 빈익빈 현상이 생기는지도 모르겠다. 이직에 유리한 사람은 당연히 현 직장에서도 원하는 인재이며 어딜 가더라도 환영받을 만한 조건을 가진 이들이다. 용모, 근무태도, 예절, 인간관계, 업무 성과가 뛰어난 사람이며 열정이 있으며 조직에 잘 순화될 만한 사람이다. 반면 이직에 불리한 사람은 현 직장에서도 눈엣가시처럼 쫓아내고 싶을 정도로 형편없는 근무태도와 업무 성과를 보인다.

일 잘하는 사람들은 어딜 가나 '저 사람에게 일을 맡기면 믿음직해'라고 인정받지만, 일 못하는 사람들은 어디를 가나 적응도 잘하지 못하고 주변인들을 불안하게 만든다. 우리가 이직을 준비하며 마주하는 불편한 진실은 대부분의 사람들은 '당연히 나는 어딜 가나 환영받는 인재지'라고 생각한다는 점이다. 과연 그럴까? 한번 점검해 보자. 다음은 모 기업에서 조사한 〈직장에서 인기 있는 유형〉이다.

• 얻어먹기만 하지 않고 점심이나 술을 잘 사는 사람

- 성격이 쾌활해서 분위기를 유쾌하게 만드는 사람

- 다른 사람의 일을 잘 도와주는 사람

- 성실하고 책임감 있는 사람

- 어려운 일에 솔선수범하는 사람

- 입이 가볍지 않고 과묵한 사람

- 자신만의 스타일이 있는 사람

- 맡은 일을 끝까지 확실하게 끝내는 사람

- 약속을 잘 지키는 사람

과연 당신은 저 아홉 가지 항목 중 몇 가지나 해당되는가? 혹시 눈치 없게 얻어먹기만 하고 일은 제대로 못 끝내 핑계나 대며 일을 미루는 사람은 아닌가? 일을 하고, 그 일에 대한 값을 받는 사람은 당신이다. 자신의 가치를 올려 이직하려면 가치가 떨어지지 않도록 지속적으로 자신을 돌아보며 자기계발을 해야 한다.

당신과 비슷한 경력과 스펙을 가진 이들은 수없이 많다. 경쟁 우위에 서려면 자신의 가치를 높일 수 있는 고유한 능력과 인식을 만들어야 한다. '내가 이 조직에 필요한 사람인가?'를 생각해 보면 답을 내리기는 쉬워진다. 현재 본인이 일하는 분야에서 어떤 조건과 업무 능력을 갖춘 사람을 원하는지 시장의 요구를 파악하라. 그리고 거기에 당신을 최적화하려고 노력하라. 그런 다음 이직하는 것도 좋은 방법이다.

덜 익은 과일은 떫기만 하듯, 섣부른 이직은 오랜 기간 백수로 지내야 하는 공백을 만들 우려가 있다. 안 하느니만 못한 이직을 할 바에야 철저히 준비된 이직을 하는 게 당신에게도, 당신이 몸담을 회사에게도 이득이 아닐까?

이 회사에서 나는 꼭 필요한 사람인가?

"어디다 대고 변명이야! 일할 의욕이 있는 거야, 없는 거야!"

조용한 사무실, 갑작스레 들리는 고함소리에도 팀원들은 미동도 없다. 해외영업팀에 근무하는 K대리가 신입사원 J씨에게 하루에 한 번씩은 지르는 소리이기 때문이다.

입사 1년 차인 J씨가 맡은 업무는 해외대리점의 판매 수치를 취합하는 것이다. 본사에서는 신입사원이 일을 맡고 있지만, 해외법인의 부장급, 팀장급 인력과 커뮤니케이션을 하다 보니 자연스레 본인 역시 직급이 높은 줄 착각하고 있는 J씨. 주어진 프로젝트 마감 기한을 넘겼음에도 숱한 노력을 해 봤다며 느릿하게 변명하는 그의 얼굴을 보는 K대리는 복장이 터진다.

K대리는 신입사원 시절, 마감 기간을 넘길까 봐 조마조마해

이직은 또 다른 인생 설계

하며 몇 날 며칠을 밤을 새워 가며 업무를 진행했다. 그 업무 특성 상 어떤 방법으로 진행해야 효과적인지를 누구보다 잘 알기 때문에 느릿느릿 일을 처리하는 신입사원을 이해할 수 없었다. J씨가 제대로 업무 처리를 못해서 돌아오는 화살을 선임인 자신이 모두 맞아야 하기 때문에 더 그냥 두고볼 수가 없었다. 그러니 사사건건 참견하고 마음에 들지 않는 부분을 개선하기 위해 안달할 수밖에 없다.

K대리의 입장에서 보자면, 아직 새파란 신입사원이 업무 하나 제대로 못하면서 본인에게 도움이나 자문을 구하기는커녕 매번 뻔뻔하게 변명만 해 대는 것이었다.

반면 J씨의 입장에서 보자면, 자신은 가만히 두면 알아서 잘 할 수 있는데 사사건건 참견하는 바람에 업무를 열심히 할 의욕을 잃어버린 것이었다. 매번 옆에서 감시하는 느낌에 숨이 막혔고, 급기야 K대리의 목소리조차 듣기 싫어졌다. 무슨 말만 하면 잔소리와 무시가 시작되기 때문에 창의적으로 문제해결을 하려는 의지마저 사라져 버렸다. K대리에게 배울 만한 점이 있는 것은 인정하지만 그 사람이 싫으니 그가 하는 말은 무엇이든 흘려 듣게 된 것이다.

결국 J씨는 'K대리 때문에 회사를 다닐 수 없습니다'라는 유치한 이유로 사표를 냈다. 이 정도의 상황에도 버티지 못하면 어디 가서 무얼 할지, 신입사원의 인생이 안쓰러워 설득해 봤지만 요지부동이었다. 그 부서의 담당 팀장은 몇 달 뒤 J가 입사 지원한 회사의 인사담당자가 전화를 걸어와 그의 평판을 물었지만, 차마 '괜찮은 사람이다'라고 대답해 줄 수 없었다. 모르면 물어서라도 일을 말끔하게 처리하면서 일하는 방법과 태도를 배워 몇 년만 더 버텼다면, 어디 내놓아도 좋을 만한 인재가 되었을 것이다. 하지만 당장 힘든 상황만 피해 가려다 입사 1년 만에 퇴사라는 무의미한 이력을 채운 것이다.

혹시 이 책을 읽고 있는 당신도 '욱'하는 마음에 충동적으로 이직하려 했다면 냉정하게 자신의 가치를 판단해보라. 그리고 부족한 부분을 충족시켜라. 그런 다음 이직해도 충분하다.

내가 회사를 골라 갈 수 있을 정도로 필요한 인재가 된다면, 서로 스카우트해가려고 안달하는 짜릿한 상황이 올 것이다.

회사가 지금 꼭 뽑고 싶은
직원의 조건

"당신은 왜 일을 합니까?"에 어떻게 답할 것인가

규격화되고 규율화된 세상을 살며, 태어나면 당연하게 학교를 다니고, 학교를 졸업하면 남자는 일하거나 군대를 가고, 여자는 취업하거나 결혼해 아이 낳고 키운다. 이렇게 정형화된 프로세스가 너무도 당연한 인생을 살고 있다 보니 가끔 우리는 '무엇을 위해 사는가?'라는 명제를 망각하곤 한다. 재미있는 사실은, 하는 일의 분야는 달라도 왜 일하는지에 대한 답은 비슷하다는 것이다.

여러 직장인들에게 "당신은 왜 일을 하나요?"라는 질문을
해 보니 대부분 다음과 같은 순서로 대답했다.

"왜 일을 해요?"

"돈 벌어야죠."

"돈 벌어서 뭐하게요?"

"결혼해야죠."

"결혼하고 난 다음에는 뭐 할 거예요?"

"아기 낳아야죠."

"아기 낳고 나면요?"

"집 사야죠."

"집 사고 나면요?"

"승진해야죠."

"승진하면 뭐 할 거예요?"

"일 해야죠."

"은퇴하면 뭐 할 거예요?"

"저를 위해 살아야죠."

판에 박힌 듯 돈을 벌고, 결혼을 하고, 아기를 낳고, 승진을
하고, 자식들 결혼시키고 은퇴한 뒤에야 비로소 나를 위한 삶을
살겠다는 평범하지만 이루기 쉽지 않은 꿈을 꾼다. 그것도 좋다.

이직은 또 다른 인생 설계

다만 위와 같은 생각을 가지고 사는 사람들은 내향화의 함정에 빠지기 쉽다. 오랫동안 한 가지 일에 종사하며 크게 눈에 보이는 성과나 발전도 없이 습관적으로 일하다 보니 자연스럽게 생각도 한 가지에 머물 수밖에 없다.

하지만 왜 일을 하는지, 무엇을 위해 살아야 하는지에 대한 명확한 한 줄의 대답이 준비된 사람이라면 어느 분야에 있건 누구나 탐내는 인재일 가능성이 높다. 물론 조직에서는 강하고 창의적인 인재만을 원하는 것은 아니다. 순응적이고 조화로운 인재가 회사에 더 많아야 조직의 운영이 수월하게 이루어지는 면도 있다. 하지만 기업에 순응한다고 자신의 생각과 능력까지 정체시킬 필요는 없지 않은가.

내향화된 유형의 사람들은 겉보기엔 굉장히 우수한 핵심 인재로 보이기 때문에 채용한 다음 성과를 보이지 않아 애로사항을 겪게 하는 유형이기도 하다. 개중에는 현재는 능력이 부족하지만, 다른 회사로 이직해서 그 능력을 향상시키겠다는 신입사원 같은 마인드를 가진 경우도 있다.

㈜삼성전자 인사팀의 B대리는 "회사에 기여하지 못하는 경력직 직원들에게 양성 교육을 시킬 여력이 없다"고 말한다. 어차피 경력직으로 입사해서 본인이 생각했던 것과 상황이 많이 다르거나, 회사에 기여하지 못하면 일찍 퇴직하는 경우가 생긴

다. 화려한 스펙이 기술된 이력서와 현란한 면접 스킬로 핵심 인
재로 뽑혀 이직하더라도 정작 가장 중요한 실력이 없다면 오래
버티지 못한다. 회사에서는 이런 사람들을 어떤 시각으로 볼까?
이에 대해 기업 인사담당자들에게 물었다.

이력서 상으로만 우수한 인재

'언뜻 판단하기에 능력이 있어 보여서 채용했더니 성과가
좋지 않다면 어떻게 하시나요?'라는 질문에 LG이노텍 김재운 과
장은 이렇게 대답한다.

"솔직히 채용 당시에는 분명히 매우 우수한 사람으로 판단되어
높은 임금을 제시하고 채용했지만, 실제 성과는 그렇지 못한 경
우가 종종 있습니다. 그런 경우, 의도적으로 본인에게 스트레스
를 주는 (예를 들어, 중량급 목표 설정 및 달성도 평가 등) 방법을
사용하기도 합니다. 개인적으로 친분이 있는 경우는 대상 인원
에 대한 평가를 간접적으로 피드백하여 본인이 이런 상황에 대
해 알 수 있도록 합니다."

서울대병원 C 팀장은 근무지 이동 시 주변의 평판을 고려해
보게 된다고 조언한다. 리더의 입장에서는 누구든지 강점을 부각

시켜서 잠재력을 충분히 끌어낼 수 있겠지만, 경험상 평판이 맞는 경우가 많기 때문이다.

결국 태도의 문제로 귀결될 수 있다. 하지만 방법상의 문제를 잘 풀어 나가지 못하는 경우도 있고, 인간관계의 문제일 수도 있다고 한다. 사람마다 개성이 뚜렷하므로 적당한 시점에 본인의 특기나 적성을 살리도록 개인 역량 개발이 필요하다. 그리고 업무상 오류를 범하는 것에 대해서는 근본 원인을 분석할 필요가 있다.

지나치게 완벽주의자인 경우 마감 시간을 제대로 못지키는 경우가 있는 반면에, 계획 수립에 충분한 시간을 할애하지 않아서 행동이 너무 앞서는 사람은 일이 진행되면서 많은 문제를 일으키기도 한다. 이땐 사람에 따라 적절하게 임파워먼트와 동기부여, 혹은 모범 사례를 제시해 주고 적절한 위임과 피드백 등 여러 가지 코칭 방법을 시도해 보는 것이 바람직하다.

외국계 금융사의 P부장은 "오류를 지적하고 습관이 수정되도록 가이드한다. 특히 해당 업무에서의 오류가 가져오는 영향에 대해서 직원이 이해하고 업무에 대한 책임감(오너십)을 갖게 하면 점점 나아진다. 그러나 시정되지 않으면 평가에 엄격하게 반영한다"라고 답했다.

회사는 인재양성학교가 아니다. 따라서 당장 실무에 투입될 수 있는 경력직을 원한다. 회사가 기회비용을 투자해 스카우트했다면 그 사람은 그 기대에 부응해야 한다.

이직한다고 해서 마냥 일이 즐겁기만 한 것도 아니고, 갑자기 일이 쉬워지는 것도 아니다. 오히려 전 직장에서보다 더 많은 노력을 기울여야 인정받는다. 삼성전자는 경력자 채용 시 평판 조회를 하지 않는다고 한다. 하지만 그 외 많은 기업들은 면접자의 과거를 현재와 미래의 거울로 삼는다.

일 하기 싫어질 때 자신에게 '일을 왜 해야 할까?'라는 질문을 던져라. 동기를 부여할 상황이 아니라면 새롭게 기간별 커리어 목표를 세우거나, 적금을 들거나, 취미 생활을 시작하거나, 대출금 통장을 들여다보는 등 자발적으로 자극을 주어라. 아무 생각 없이 출근해서 시간을 흘려보내지 말고, 이왕이면 핵심 인재가 되도록 자신의 매력 요소를 업그레이드해 보자. 흘려보내야 할 건 시간이 아니라 '노력하지 않고 불평하는 불만족성 영혼과 실력과 무관한 비교의식 같은 쓸데없는 감정들'이다.

03 네임밸류나 근무 조건만 보고 낚이지 않는 법

그때 내가 좀 더 현명하게 판단했더라면

중견 건설회사 해외영업팀에서 8년간 근무한 L과장이 이직을 위해 헤드헌터에게 추천을 의뢰했다. 그는 바쁜 일정 가운데 직접 많은 시간을 투자하기보다는 그 일에 특수한 역량을 가진 전문가에게 맡기는 편이 합리적이라고 생각했다. 그래서 담당 헤드헌터가 추천해 주는 회사라면 그 회사에 대해 제대로 알아보지도 않은 채 무조건 면접을 보았다.

그는 성실한 편이었고 조직에서 크게 문제를 일으킨 적도 없었다. 개인의 성장을 위해 새로운 기회를 얻고 싶다는 생각이 있던 그는 여러 번 최종 면접까지 도달했다. 두 회사에 최종 합격했고, 쉬는 기간 없이 바로 경력을 이어가고자 헤드헌터에게 각 회사의 특징을 물었다. L과장은 최종 합격한 두 회사 중 단지 겉에서 본 이미지와 면접 시 상담에서 받은 인상으로만 판단하여, 의사결정과 수렴 루트가 짧으면서도 자신의 성취가 보장될 것으로 보이는, 도전과 열정을 표방하는 회사에 입사하기로 최종 결정한다.

하지만 입사 후 1년쯤 지나자 L과장은 속이 까맣게 타들어 가다가 결국 속병 때문에 위염이 생겼다. 회사에서 대외적으로 표방한 도전 정신과 열정은 그저 포장 잘 된 껍데기일 뿐이었고, 면접 시 개방적 태도를 보인 임원들은 관료적일 따름이었다. 조직에 속해서 개미같이 일하는 것이 답답했기에 자신의 의견이 좀 더 반영될 수 있는 회사로 터전을 옮긴 것인데 현 조직에서도 여전히 자신의 의견을 낼 수 없고 지시하는 일만 형식적으로 처리하는 경우가 많았다. 차라리 규모가 좀 더 작은 이전 회사에 남아 있었더라면 영향력 있는 임원으로 승진할 수 있었을 것만 같았다.

면접관이 보여 주었던 자신감 있는 이미지와 도전지향주의로 성장하고 있는 기업의 외부 이미지에 혹해 쉽게 입사를 결정했던 것이 미치도록 후회스러웠다. 하지만 이미 엎질러진 물이었다. 이직 1년 만에 다시 퇴사할 수도 없는 노릇이었고 그냥 버티 자니 스트레스가 극에 달했다. 답답한 마음에 느는 것은 흡연 횟 수뿐이었다.

만약 당신이 L과장이었다면 어떻게 했을 것인가? 전직 과정 에서 어떤 실수를 최소화할 수 있을까? 헤드헌터의 의견만을 무 조건 신뢰하거나 외부 이미지만 보고 판단할 것이 아니라 자세 히 직접 조사해 봐야 한다. 외부로 드러나는 이미지가 과장되는 경우가 많기 때문이다.

미국의 심리학자 에드워드 손다이크Edward Lee Thorndike는 ‘인 간의 인지와 판단은 부분에서 출발하여 전체 이미지까지 확장된 다’고 지적했다. ‘좋은 사람, 좋은 기업’이라는 긍정적 후광효과 가 한번 생기면 그 밖에 모든 것이 좋을 것이라는 이미지를 갖게 되기 쉽다. 그 사람이 아무리 나쁜 짓을 했더라도 이미 형성된 긍 정적 후광효과는 ‘그가 그럴 리가 없어. 모함일 거야’라는 방어막 까지 쳐 준다. 이렇게 하나만 보고 전체를 판단하는 주관적 심리 억측이 일어날 수 있는 것이다.

뮤지컬 〈시카고〉는 이런 후광효과의 극단적인 면을 보여 준 다. 범죄와 쇼가 성행하는 도시 시카고의 교도소를 배경으로 사 법부의 재판 과정을 풍자한 이 작품에서 변호사는 무죄 판결을 받기 위한 쇼의 하나로 후광효과를 사용한다. 얼마나 잔인한 범

죄를 저질렀건 간에 '아름답고 부유하고 안쓰러운 이미지'를 보이면 배심원들의 동정을 얻어 무죄판결을 받고, 신문지상에 오르내리며 일약 스타덤에 오른다.

나 또한 도전적이고 창의적인 일을 원해 들어간 외국계 기업의 한국 지사에서 당혹스러웠던 경험이 있다. 미국에서도 유망한 경영 컨설팅사로 손꼽히는 회사였던 만큼 이미지도 좋았고, 외국계 기업이니 분위기가 자유로울 것이라고 생각해 입사했지만 생활해 보니 현실은 평범한 한국 회사와 다를 바 없었다. 신중하고 강직하며 정직한 소유주의 성향이 그대로 회사에 반영되어 되레 더 신중한 업무 절차를 거쳤다. "입사 전에 체험 근무라도 해 볼 걸……"이라는 후회로 몇 달을 보내다 오래 근무하지 못하고 회사에 폐만 끼친 채 도망치듯 퇴사했다. 그 회사는 창의적이고 주도적인 일에 더 많은 성과를 내는 직원보다는 조직 문화에 조화롭게 융합될 수 있는 학자 유형의 인재가 더 맞는 곳이었다.

회사는 가정보다 오랜 시간 생활하는 곳이다. 아무리 바빠도 자신이 이직할 직장은 신중히 결정해야 한다. 특히나 신입사원이 아니라 경력직이라면 미운 정 고운 정 모두 든 회사를 퇴사한다는 것이 쉬운 것은 아니다. 그러므로 입사와 퇴사는 더더욱 신중해야 한다.

내가 들어가지 못한 회사는 원래 더 매력적으로 보인다

후광효과는 내 것이 아닌 것에서 더 강렬하게 느낀다. 내 손에 쥐고 있는 음식보다 한 젓가락 얻어먹는 음식이 맛있듯, 외적으로 보이는 요소들이 매력적인 현상은 당연하다. 하지만 이를 탈피하기 위해 ㈜금호아시아나에서 근무하는 P부장은 "어떻게든 그 회사 내부 사람과 접촉해 봐야 한다"라고 충고한다.

요즘은 몇 명만 거치면 서로에게 연결될 수 있는 시대이다. 공개되어 있는 SNS 통로도 많아서 적극적으로 "그 회사에 다니는 사람을 소개해 줘, 밥 사 줄게"를 외치고 다닌다면 그 회사에 다니는 사람을 친구로 둔 사람이라도 만날 수 있다.

아무리 바빠도 활성화된 인터넷 커뮤니티를 마음먹고 찾아다닌다면 1년 안에 입사하고 싶은 그 회사에 근무하는 이를 만날 수도 있다. 정 안 되면 그 회사 문 앞에 서서 음료수를 손에 들고 퇴근하는 이들을 붙잡고서라도 부탁하면 어떻게든 한 명은 답해주지 않을까? 이런 적극성을 보이며 실질적 내부 정보를 수집하지 않고 면접 시 상담이나 헤드헌터의 조언 혹은 겉으로 보이는 회사의 이미지만 믿고 전직했다간 낭패 보기 십상이다.

GM에서 퇴사한 C상무는 평소 신뢰 관계를 구축해 온 탄탄한 중소기업에 입사하기 위해 신중하게 그 회사의 정보를 탐색했다. 담당자와 개인적 교류뿐만 아니라 C상무의 집에 초대하여 진솔한 이야기를 나누는 시간까지 마련할 정도로 적극적이었다.

《논어》에는 이런 이야기가 나온다. 자로가 노나라의 석문에서 하룻밤을 묵었다. 아침 일찍 만난 문지기가 어디서 왔는지 물어 왔다. 자로가 공자의 문하에서 왔다고 대꾸했다. 그러자 문지기가 한마디 했다. "안 되는 줄 알면서도 무엇이든 해 보려고 하는 사람 말이지요?"

한 회사에 대한 진정한 정보를 원한다면 그 회사 경비 아저씨에게 음료수 하나라도 건네면서 "이 회사는 분위기가 어떻습니까?"라며 찾아다니며 질문해야 한다. 면접에서도 면접관이 묻는 말에만 대답하지 말고, 회사 정보를 얻기 위해 노력해야 한다. 나는 면접 시 성격상 호기심이 많아서 회사와 해당 업무에 대해 다양하게 질문하는 편이다. 이런 점은 일할 준비가 되어 있고 적극적인 사람이라는 인식을 심어 주어 면접관에게 좋은 인상을 남길 수 있다.

㈜바이민의 서정민 대표는 직접 면접에 많은 주의를 기울인다. 면접 시 한 시간 정도를 투자하는데, 먼저 30분 동안 면접자에게 자신을 어필할 수 있는 시간을 주고, 나머지 30분은 역으로 자신이 면접자에게 회사에 대해 홍보한다. 벤처 기업이다 보니 개발자나 프로그래머들의 불안감을 해소시켜 주고자(면접자

가 마음에 든다는 전제 하에) 회사의 비전과 장점을 얘기한다. 회사의 특징을 이야기해 주면 적극적인 면접자들은 "제 생각에는 이런 방식을 지양하는 편이 좋겠어요"라는 식의 제안을 하기도 해서 토론식 면접이 진행된다. 이런 지원자는 면접에서 해당 업무에 관한 롤플레잉이 시작되며 입사 후 현업에 바로 투입될 수 있다고 한다.

당신의 면접에도 이와 같은 방식을 적용해 보자. 묻는 말에만 단답형으로 대답하는 수동적인 태도에서 벗어나 자신을 홍보하면서 상대방에게 정보를 얻고자 하는 태도를 가지는 것이 좋다. 결혼할 때도 상대방이 묻는 말에만 대답하고, 상대방이 좋다고 하면 당신은 어떻든 그냥 함께 살 것인가? 제대로 된 정보와 조사 없이 단지 기업의 네임밸류나 근무 조건에 혹한 마음에 입사한다면 조만간 또 다른 이직을 준비하게 될지도 모른다.

무조건 충성하는 인재는
매력이 없다

이직은 또 다른 인생 설계

능력은 없고 과잉충성심만 있는 사원의 미래

면접에서 흔히 저지르는 실수 중 하나는 무조건적인 자신감과 과잉충성심을 보이면 채용될 것이라는 착각이다.

"저는 무조건 잘할 수 있습니다."

"저를 채용하지 않는다면 후회하실 겁니다."

"저는 모든 일에 최선을 다하기 때문입니다."

"믿을 만한 사람에게 회사의 미래를 맡기셔야 합니다."

이와 같은 멘트를 하면 안 된다. 한번 입장을 바꿔 생각해 보라. 손에 꼽을 수도 없을 정도로 많은 입사 희망자를 대하는 면접관들에게 저런 식상한 말을 한들 긍정적으로 평가받기 힘들다. 이는 나만의 생각이 아니다.

'기회만 주신다면 무조건 잘할 수 있습니다!라고 말하는 면접자를 보면 어떤 생각이 드는가요?'라는 질문과 "실제로 이런 직원을 채용하신 적이 있나요?"라는 질문에 각 기업 인사담당자들은 이렇게 대답했다.

먼저 ㈜LG이노텍 김재운 과장의 말이다.

"정말 자신감 없는 면접자가 정 할 말이 없을 때 하는 말인 것 같습니다. 물론 그런 말을 한 지원자를 채용한 적도 있습니다만, 이런 말 때문은 아닙니다. 오히려 제 후배들한테는 이런 말보다는 시간이 주어지면 본인 자랑을 하나 더 하라고 조언합니다."

외국계 서치 펌의 한 헤드헌터는 일단 적극성과 용기는 인정하지만 직무 연관성이 중요하다고 말한다. 예를 들어 영업 직무의 비기너beginner라면 이 부분이 긍정적으로 작용할 수도 있다. 하지만 대부분의 경력직 채용에서는 이렇게 표현하는 사람을 채용하지는 않는다는 것이다.

인제 백병원 부원장인 염호기 박사는 '자신은 꼭 필요한 인재이고, 이곳에 들어오려고 몇 년을 기다렸으며, 여기 들어와서 사장이 될 사람이다'와 같이 도발적인 발언을 하는 사람들을 보면 적극적이라는 생각은 들지만 채용은 거의 안 한다고 말한다. 그 말에서 진정성이 느껴지지 않기 때문이다.

"면접을 봐서 사람을 채용하는 일이 직업인 사람들이니 얼마나 많은 이들을 채용했겠습니까? 노련한 인터뷰어는 그들의 내면을 모두 읽어내죠"라고 덧붙였다.

취업컨설턴트 P씨는 이 회사에 자신이 왜 필요한지에 대한 논리적이고 타당한 이유를 말하지 못한다면 오히려 마이너스 요소가 된다고 말한다. 면접에서 회사가 구직자에게 알고 싶은 점은 면접자가 자신의 강점을 알고 있는지, 회사의 약점과 방향을 이해하는 열정과 정보력을 가지고 있는지와 목표의식과 직업관은 어떠한지 등에 관한 것이기 때문이다.

이력서에서 아무리 그럴싸하게 자신을 포장해도 면접 시 목소리 톤과 눈빛만으로도 진실 여부를 가늠해 내는 것이 연륜이 쌓인 면접관들의 내공이다. 인사담당자들은 면접을 잘하는 요령으로 "솔직하고 적극적으로 대답하는 것이다"라고 말한다. 수년간 면접을 진행해 온 면접관들은 첫눈에 지원자의 자질을 파악해 낸다. 또한 뛰어난 인지력을 갖고 있다. 따라서 면접자가 모르는 것을 교묘하게 감추려 해도 면접관은 금방 알아차린다.

듣고 싶어하는 이야기를 할 줄 아는 센스

하지만 솔직함과 적극성을 잘못 이해해서는 안 된다. 막무가내 식으로 솔직함을 보이면 안 된다는 말이다. 예를 들어 "이직은 어떤 이유에서 하려고 합니까? 이전 업무가 본인에게 맞지 않으셨습니까?"라고 면접관이 묻는다면 "너무 힘듭니다. 업무도 맞지 않고, 무엇보다 회사의 복리후생과 대우가 말도 안 되게 나쁩니다"라고 대답하는 면접자에게 채용의 기회는 오지 않는다.

예를 들어 "이전에 하던 기획 업무를 통해 개별 프로젝트를 수행하며 적극적으로 업무에 임하는 태도를 배웠습니다. 이를 응용해 CRM 부서에서 새로운 고객혁신 방안을 개발하고 싶습니다"라고 대답하는 편이 좋다.

만약 당신이 면접관이라면 어떤 대답을 듣고 싶은지를 고민해 보라. 그러면 이해하기 쉬울 것이다. 업무의 성격에 따라 면접에 임하는 태도도 달라야 한다.

K씨는 2008년, 행정고시 52회 면접에 탈락하고 2010년에 다시 도전했다. 합격하기 위해 2년간 철저한 자기분석을 했다. 하루에 세 번씩 자신이 '왜 불합격했을까?'를 생각하며 2년간 불합격의 아픔을 곱씹었다. 공무원 면접은 헤드헌터, 국장급 공무원, 교수 이렇게 세 명이 진행하는데 대부분 국장급 공무원이 면

접을 주도한다. 졸업 후 건설회사에서 1년 정도 근무했던 경험이 있었던 K씨는 '기업 면접은 많이 봤으니까 그거랑 다르지 않겠지'라는 생각으로 면접에 임했다. 그러나 "재치 있고 순간적인 센스가 있긴 하지만 너무 기업가 스타일 같다"라는 평가를 받았다.

조직 문화에 융합되어야 하는 공무원이 기업가 같다는 평가를 받는다면 당연히 불합격이다. 나도 20대에 LG그룹 임원 비서직 면접을 보았지만 "윤정은 씨는 여자 보스형이시군요"라는 평가를 받고 불합격했던 경험이 있다.

K씨는 자신의 면접 불합격 요인을 다음과 같이 분석했다. 먼저 자신은 떨어질 리가 없다는 근거 없는 자신감과 자만심, 면접에 대한 정보력 부족 그리고 시사와 경제 지식, 어휘력의 부족이라고 판단했다. 결국 그는 2년간 꾸준하게 시사 상식을 넓히기 위해 공부하며 준비한 끝에 합격했다.

삼성전자의 이건희 회장은 "제가 얘기하는 천재는 공부만 잘하는, 백 점만 맞는 사람이 아닙니다. 각자 끼가 하나씩은 있고 놀기도 잘하고 공부도 효율적으로 하는 창의력이 뛰어난 그런 사람을 말하는 것입니다. 그런 천재가 세 명만 나오면 우리 경제는 차원이 달라질 것입니다"라고 말했다.

이건희 회장이 말하는 천재는 리더형 인재이다. 리더형 인재가 앞에서 길을 제시하면 참모형 인재들은 전략적으로 업무를 보좌해 나간다. 리더형 인재를 선발하는 자리에서 "저는 조직에 잘 융화되며 착하고 순하다는 평가를 받습니다. 사랑이 많으신 어머님과 근엄하시지만 성실하신 아버님 밑에서 자랐습니다. 삼성전자에서 머리가 되기 위해 뛰는 게 아니라, 서번트 리더십을 발휘하는 인재가 되겠습니다"라고 말한다면 무조건 탈락한다.

리더형 인재를 필요로 하는 기업과, 참모형 인재를 선호하는 기업이 있다. 따라서 모든 회사가 이전 회사와 같은 문화일 것이라고 안일하게 생각한다면 당연히 면접에서 계속 떨어질 수밖에 없다. 면접도 엄연한 시험이다. 그러므로 공부를 해야 한다. 입사하고 싶은 회사가 있다면 그 회사의 성향에 대해 철저하게 공부하고, 정보도 최대한 수집한 다음 면접에 임하라.

05 돈만 밝히다가는 돈에게 밟히게 된다

달콤하고 매력적인 돈과 권력의 유혹

세상에 돈을 싫어하는 사람은 별로 없다. 오죽하면 돈 때문에 패륜이나 흉악한 일들이 벌어질까? 부와 권력은 누구나 얻고 싶어한다. 좋은 옷, 좋은 집, 좋은 차, 사람들에게 받는 대접, 자신에게 머리를 조아리는 이들을 보는 짜릿함에 이르기까지, 돈만 있으면 세상에 안 될 일도 없을 것 같고. 돈만 있으면 무조건 행복하게 살 수 있을 것 같다.

노무현 정권 당시 일어났던 '신정아 게이트' 사건은 부와 출세를 욕망하는 현대인의 전형적인 단편을 보여 주었다. 부와 명예를 위해 학력을 위조하고 사회적으로 부적절한 관계를 맺으면서 파격적 대우를 받고 경력을 쌓아 온 신정아 씨는 인간의 욕망이 얼마나 무서운 결과를 만들어 낼 수 있는지 적나라하게 보여 주었다.

2005년, 성곡미술관 큐레이터로 일하던 신 씨는 동국대학교 조교수로 특채 임용되었고 2007년 2월, 동국대 이사인 장윤 스님이 이사회에서 신 씨의 가짜 박사 학위와 논문 표절 의혹을 제기했다. 장윤 스님의 의혹 제기는 묵살되었고 넉 달이 지나 6월에 신 씨는 동국대학교에 사표를 제출했다. 이어 7월 4일, 광주 비엔날레가 신 씨를 공동 예술 감독으로 선임했지만 신 씨의 박사 학위 위조 의혹이 보도되며 동국대학교는 진상조사위원회를 발족했고 신 씨의 광주 비엔날레 예술 감독 선임은 철회되었다.

이는 사회적 학력 위조 파문으로 이어졌다. 예일대학교Yale University에서 미술사로 박사 학위를 받았다고 주장했던 신 씨는 실제로는 캔자스대학교University of Kansas 학부 과정을 중퇴했음이 드러났고, 그녀는 영등포 구치소에 수감되어 18개월 만에 보석으로 풀려났다.

그녀의 사건을 권력에 대해 생각해 보는 계기로 삼아 보자. 사람이 어느 정도 사회에서 인정받기까지는 바늘귀를 통과하기만큼 어렵지만, 일단 그 수준을 넘어서면 그다음의 지점은 이전보다 훨씬 쉬워진다. 특히 자본 사회에서 명예와 권력을 최고로 여기는 이들에겐 더더욱 그럴 것이다.

물론 권력과 명예를 추구하는 것이 잘못된 것은 아니다. 많은 이들이 권력을 가지고 멋지게 살고 싶어하고, 돈도 많이 벌고 싶어한다. 돈이라는 도구로 따뜻함도 느끼고, 밥도 먹고, 잠도 자고, 옷도 사 입는다. 분명 돈은 멋진 도구이다. 그리고 일정 수준의 소득은 인간의 삶에 많은 편리를 제공한다. 돈과 권력을 가진 이들을 욕하는 심정 이면에는 그리 되지 못하는 현실에 대한 한탄도 섞여 있다.

하지만 이직을 결심할 때 단지 연봉만 고려하지는 말라. 연봉도 중요하지만 연봉만 보았다간 자신의 발등을 찍는 상황에 처하게 될 수도 있다. 개인만의 고유한 전문성을 쌓기까지, 예를 들어 그 업무를 본인 말고는 대체할 수 없을 만한 능력이 될 때까지는 회사의 도움이 필요하다. 다시 말해 당신에게 월급을 주면서 업무를 수행하기 위한 훈련 기간이다(물론, 당신이 회사를 위해 봉사해 준다는 생각을 할 수도 있겠지만).

당신이 하고 있는 일이 누구든지 일정 기간만 훈련하면 할 수 있는 일이라면 그 단순함 속에서도 전문가가 되기를 지향해야 한다. 당신보다 어리고 말도 잘 듣고 급여를 적게 주면서 그 일을 시킬 수 있는 다른 사람들이 많이 있음에도 굳이 당신이 그 일을 맡아야만 하는 이유, 다시 말해 실력과 신뢰가 당신에게 있어야 한다. 누구나 자신이 근무하고 있는 분야의 업무가 가장 힘들다고 생각한다. 그 분야에서 버티는 길이 '미친 짓'이라고 여겨질 만큼 힘들 수 있다. 하지만 전문가들은 다 안다. 이미 당신과 같은 시간을 버텨 온 이들이기 때문이다. 그들은 당신이 걸어온 그 길이 어렵다는 것을 알기에 그 시기를 잘 넘기고 지낸 것에 대해 부가 점수를 줄 것이다. 당장 받는 연봉 얼마에 집착하거나 연연하지 말자. 소탐대실, 작은 걸 취하려다가 미래에 얻을 수 있는 더 큰 이익을 놓칠 수도 있다.

CJ푸드빌 프랜차이즈 아카데미 박상민 팀장은 "당장의 급여보다 목적성에 염두를 두어야 합니다"라고 말한다. 그는 경력을 업그레이드할 때 급여는 신입사원 정도를 받아도 상관없다고 하고 대신 직책을 요구했다. 전 회사에서 대리 직함에 있던 상황에서 스카우트되었고, 대리였지만 팀장급 업무를 하고 있었기에 대리로 입사해 초고속 과장 승진을 했다.

"연봉에 목숨 걸기보다 자신의 가치와 직책을 높이는 편을 선택한다면 어차피 연봉이 따라오게 되어 있어요."

전 회사에서도 회사 업무를 진행하다 보면 사비를 써야 할 일이 많았지만 이에 연연하지 않고 자기 업무에 대한 관심과 고민에 초점을 두었다. 그러다 보니 당연히 성과를 내게 되었고 인정받게 되었으며 이는 평판으로 이어져 스카우트 이후에도 초고속으로 승진하게 된 것이다.

따라서 '돈을 많이 벌 거야'라는 추상적 목표가 아니라 '어떤 일을 통해 무엇을 이루겠다'는 명확한 비전과 목적성을 항상 명심하고 있어야 한다. 이렇게 목표의식을 가지고 일하면 결국 성과로 이어진다. 직장 생활을 통해 무조건 돈을 많이 벌겠다는 목표보다는 구체적이고 세부적인 비전을 먼저 세우는 것이 현명하다.

돈에 욕심내면 돈에 머리를 조아리게 된다

나는 직장인들이 지식인이 되겠다는 꿈을 키우길 바란다. 지식인이란 어떤 사람을 말하는 것일까? 출판사 행성B의 임태주 대표는 지식인을 다음과 같이 정의한다.

'사전적으로는 일정한 수준과 지식과 교양을 갖춘 사람을 칭하는 말이다. 지식인은 다독하고 공부를 게을리하지 않는다. 신념을 가지고 의견을 제시하며 사회 참여를 한다. 인격이나 언행으로 다른 이들에게 존경받으며, 촘스키Noam Chomsky가 말한 대로 이중적인 잣대로 코에 붙거나 귀에 붙지 않으며 자신의 책무를 몸소 실천으로 보여 주는 이를 말한다.'

자신이 가진 학력과 지위를 남용하는 것이 아니라 사회적 참여와 공부를 멈추지 않는 의식 있는 행동을 실천하는 사람이야말로 진정한 지식인이다.

나는 당신이 돈'도' 많이 버는 지식인이길 희망한다. 대체 왜 돈을 많이 벌고 싶은가? 돈을 많이 벌어서 무엇을 할 것인가? 차를 사고 건물을 사고 땅을 사고 간혹 기부를 하길 바라는가? 그런 다음에는 무엇을 할 것인가? 당신 안에 어떤 불안감이 목적성 없이 무조건 부자를 꿈꾸게 하는 것은 아닌가? 돈이 많아야만 정녕 인간답게 살 수 있을까?

미국의 저널리스트인 스튜어트 월턴Stuart Walton은 '인간을 인간이게 만드는 열 가지 감정'이 있다고 말했다. 그것은 공포, 분노, 혐오, 슬픔, 질투, 경멸, 수치, 당황, 놀람, 행복이다. 이처럼 인간답게 살아간다는 사실에는 필연적으로 불쾌와 유쾌가 공존한다. 돈을 아무리 많이 벌어도 불쾌한 감정 없이 마냥 행복할 수는 없다. 그러나 돈만 좇다가는 결국 그 돈을 유지하기 위해 돈 앞에 머리를 조아려야 할 것이다. 많은 연봉에는 반드시 그 대가가 따른다.

이직을 고민한다면, 이 시점에서 인생을 다시 한 번 재정비하여 목표와 비전을 정립할 필요가 있다. 돈도 많은 지식인으로 살아가는 직장인이 되기를 꿈꿔라. 존 레논John Lennon의 아내이자 예술가인 오노 요코小野洋子의 말을 기억하라. "혼자 꾸는 꿈은 단지 꿈이지만, 함께 꾸는 꿈은 현실이다A dream you dream alone is only a dream. A dream you dream together is reality."

돈만 좇다간 돈에게 잠식당하고 만다. 하지만 돈과 꿈을 함께 좇는다면 어떨까? 돈만 추구하다가 그 돈을 벌지 못하면 얼마나 불행해질까? 반대로 꿈만 좇다 돈을 벌지 못하며 사는 삶은 어떨까? 사실, 수많은 부자들을 만나며 늘 의문이었던 점이 있다. 부와 명성, 사회적 지위까지 가졌으면서도 우울감과 공허감, 위기감을 느끼며 살아가는 사람들이 많다는 점이다. B회장은 돈이 너무 많아서 늘 위협을 느낀 나머지, 자녀들과 아내의 동선을 CCTV로 감시한다. 아이를 유괴당할 뻔한 사건을 겪은 뒤 생긴 강박증이다. 반대로 M회장은 꾸준히 사회 기부도 하고, 늘 무언가를 새로 배운다. 요리, 글쓰기, 음악도 배우고, 영화도 본다. 올해는 시를 쓰겠다는 목표를 세웠다.

돈이 많으면 놀고먹고 편히 살아도 될 것을 무엇 때문에 고생을 자처하려는 것일까? 이는 바로, 대부분의 인간은 목표와 비전을 가지고 자아성취를 이루며 살아갈 때 삶의 생기를 느끼기 때문이다. 나는 당신이 이직 후에도 삶의 낭만과 행복을 잃지 않는 삶을 살길 바란다. 조심하라! 달콤한 유혹 뒤엔 늘 살벌한 대가가 따르기 마련이니까.

06

약이 되는 자격증, 독이 되는 자격증

목적 없이 따는 자격증은 의미가 없다

2년제 전문대학교 경영학과를 졸업한 P씨의 콤플렉스는 학력과 스펙이다. 가정형편을 생각해서 빨리 취업할 수 있는 전문대학을 선택했다. 장학금도 받고 착실하게 학점 관리를 하며 학교생활을 마치고 증권회사에 취직했다. 그런데 근무 연수가 늘수록 자신보다 늦게 들어온 4년제 대졸 직원들과 대우가 다르다는 사실에 좌절할 수밖에 없었다. 실력은 본인이 더 월등하건만, 같은 업무를 해도 연봉과 대우에 차이가 있었다. 은근히 자신을 무시하는 것 같기도 했다. 자존심이 상한 P씨는 자격증 따기에 몰두했다. 자격증만 따면 지금보다 좋은 회사로 이직할 수 있고 대우도 좋아질 것이라고 생각했기 때문이다.

정말 자격증을 많이 가지고 있으면 자존감도 올라갈까? 10년 후, 자격증을 많이 취득한 P씨의 시장 가치는 높아졌을까? 만약 증권 분야나 금융권에서 통용되는 자격증을 취득했다면 시장 가치는 높아졌을 것이다. 하지만 자신이 일하는 분야와 무관한 심리치료사, 독서지도사 등 맹목적인 자격증 취득에 집중했다면 개인의 성취는 높아졌겠지만 시장 가치가 높아졌다고 보기는 어렵다.

매스컴에서 하도 취업대란이다, '청춘은 아프다'라고 얘기하는 바람에 자신이 힘들고 아픈 상황이다. 취업은 시도하기 전부터 어렵다고 선입견을 가진 이들이 오히려 더 많아진 것 같다. 이런 상황에서 할 수 있는 일이라곤 자격증 취득밖에 없는 것 같다고 생각하는 이들도 많다. 하지만 과연 자격증은 취업 시 플러스 요소로 작용할까? 현직 인사담당자들은 이렇게 답변했다.

"자격증을 많이 가지고 있다면 취업에 유리한가요?"라는 질문에 LG이노텍 인사담당자인 김재운 과장은 다음과 같은 의견을 제시했다.

"취업하고자 하는 분야가 자격증이 반드시 필요한 경우, 예를 들어 수질 관리 등의 업무를 하고자 한다면 반드시 자격증이 있어야 하겠지요. 하지만 최근 신입사원들이 취득하는 MS 관련 자격증은 별로 도움이 안 됩니다. 차라리 어학 점수가 높으면 유리합니다."

청춘이라는 황금기에 온갖 즐거움과 달콤한 유혹을 포기해가며 취득한 자격증이 취업에 별 도움이 안 된다면 배신감마저 느껴질지도 모르겠다. 그렇다면 경력직으로 이직 시에는 자격증이 긍정적인 요소로 작용하지 않을까? "경력직 채용 시에는 자격증을 많이 가지고 있다면 유리할까요?"라는 질문에 삼성전자 인사담당자인 M과장은 다음과 같이 답했다.

"경력직을 채용할 때는 사전에 계획을 세웁니다. 물론 상황에 따라 상시 채용이 이루어지지만 기본적으로 연도마다 채용 계획을 미리 수립하여 그 계획에 맞는 분야의 사람들을 채용합니다. 회사가 원하는 분야에 전혀 다른 경력을 가진 이들이 지원하면 자동 탈락합니다. 예를 들어, 디자인 분야에서 UX디자인 전문가를 채용하는 데 기계공학을 전공한 사람이 지원하면 자동 탈락하는 것이지요.

신입사원은 약 1년여 동안 회사에서 인재를 양성한다는 개넘으로 채용하지만 경력사원에 대한 기대는 다릅니다. 경력직이라면 바로 내일부터 필요한 업무를 해낼 수 있는 사람을 원합니다. 따라서 자격증의 유무는 크게 신경 쓰지 않고 직무적합도 중심으로 많이 고려하지요."

'이전 회사에서 수행했던 프로젝트를 보니 우리랑 비슷한 걸 했네? 그러면 바로 업무에 투입할 수 있겠다'와 같은 것을 살펴보는 것이다. 1차 서류전형을 통해 면접 대상을 선정하고 전문성 평가를 한 후 인성 평가를 한다. 지원자가 아무리 전문성이 있더라도 조직에 잘 적응할 수 있겠다는 판단이 될 때 채용될 확률도 높다. 특히 경력사원에 대한 관리가 더 어렵기 때문에 두 가지 역량 모두 충족되는 사람이 채용되는 것이다.

다방면의 경험을 쌓아 시야를 넓혀라

"의사라는 전문 집단에서 채용 시 어떤 점을 가장 많이 보시나요?"라는 질문에 인제 백병원 부원장 염호기 박사는 다음과 같이 의견을 제시했다.

"요즘은 첫째로 사람 됨됨이를 가장 먼저 봅니다. 이력서 상에 얼마나 화려하게 기술되어 있는가보다는 이 사람이 조직에 잘 맞을지, 인성이 올바로 됐는지를 우선적으로 살펴보며 능력은 그다음 일입니다. 제일 점수를 많이 주는 부문은 봉사 활동 경험입니다. 지금 당장 업무 능력이 떨어지더라도 길게 보자면 이런 사람이 더 원만한 인재가 될 수 있기 때문이지요. 스펙을 위한 봉사인지 진심을 다한 봉사인지는 30초만 이야기해 보면 파악이 됩니다. 요즘 어학 점수나 봉사 점수는 누구나 다 가지고 있어서 점수보다는 그 안에 담긴 개인의 스토리가 중요합니다.”

“자격증을 많이 가지고 있다면 이직에 유리한가요?”라는 질문에 서울대병원 C 팀장은 “지극히 개인적인 소견이지만 유리할 수 있어요”라고 답한다. 업무에 도움이 되는 자격증이라면 적극 권장한다는 것이다. 하지만 당장 업무에 우선되는 분야가 아닐 경우는 고려할 필요가 있다고 강조한다. 단, 자기계발을 나름대로 열심히 하고 있는 사람은 일단 합격점을 주고 싶다고 한다. 다방면에 경험을 쌓는 것은 취업하는 데 있어서 유리할 수도 있다. 열린 시각과 폭넓은 경험은 문제해결 능력을 높여 주기 때문이다.

하지만 “자격증을 많이 가지고 있으면 취업에 유리한가요?”라는 질문에 대해 외국계 증권사 인사팀 L부장의 의견은 조금 다르다.

"직무에 필요한 자격증, 예를 들어 재무 관련 업무인데 회계사 자격증이 있다면 매우 유리합니다. 또한 직접적인 연관성이 없는 자격증을 가지고 있더라도 이는 성실함을 보여 주는 한 방편이 되기도 하지요. 그러나 너무 관련 없는 자격증이라면 지원자의 관심사가 너무 분산된 것으로 보일 수 있으니 이 부분은 간혹 단점으로 작용하기도 합니다."

인사담당자들의 의견을 종합해 볼 때 업무에 필요한 자격증은 도움이 되지만, 그에 무관한 자격증은 마이너스 요소가 될 수 있다. 이직을 위해서는 업무에 관련된 자격증만 야무지게 취득하여 헛된 시간을 쓰지 않도록 하라. 체계적으로 하나의 업무를 위해 준비해 온 사람을 어느 회사가 마다하겠는가?

헛발질이란 이런 것이다. 당신이 건축설계사로 이직할 사람이라고 가정해 보자. 그런데 자격증은 무조건 많으면 좋을 것이라는 생각으로 한식조리사 자격증을 딴다거나 운동치료사 자격증을 따는 데 시간을 쓴다. 물론 취미 삼아 자격증 따기를 즐긴다면 말릴 생각은 없다. 하지만 차라리 그 시간에 도면을 하나라도 더 그려 보는 게 실제 업무에 도움이 되지 않을까? 이왕 많은 시간을 투자하고 개인 시간을 포기하며 취득하는 자격증이라면 이직에 최대한 플러스 요소가 되도록 준비하는 게 어떨까?

이직은 또 다른 인생 설계

이직 후 3개월이
인생을 좌우한다

이직 전 잠시 재충전의 시간은 필요하다

영화 〈위험한 관계〉에서 상하이 최고의 바람둥이 셰이판(장동건 분)의 유혹에 마음 흔들리는 뚜펀위(장쯔이章子怡 분)에게 셰이판의 할머니는 이렇게 말한다.

"모든 건 마음이 자유로워야 한단다. 마음은 구름이 떠다니듯 생각은 구름이 흐르듯 그렇게 놔두는 거지."

하지만 직장 생활을 하는 사람이 마음이 자유롭게 떠다니도록 허용하고, 마음 가는 대로 말과 행동까지 한다면 어떤 결과가 초래될까? 아마 조직 내에서 잦은 말싸움이 일어나거나, 근속 기간이 극도로 짧아질 것이다.

생각과 마음을 최대한 자유롭도록 두어야만 행복한 사람이라면 사회적 관계 유지를 위해 감정과 마음을 극도로 제어하는 훈련이 필요하다. 그 때문인지 직장 생활을 오래 하신 분들의 표정은 대부분 비슷하다. 직장인용 안면근육 라인이 있기라도 하듯이 말이다.

감정을 제어하며 같은 표정을 하고 살아가다가도 '그동안 나는 무엇을 하고 있던 것일까?' 하는 상념과 회한이 밀려온다면 잠시 공백기를 가져도 좋겠다. 빡빡했던 일상에서 잠시 벗어나서 단 일주일이라도 휴식시간이라는 간극을 갖자. 간극이란 사물과 사물 사이의 틈이나 시간 사이 혹은 사건이나 현상 사이의 틈을 말한다. 생활이 바쁘다는 이유로, 또 경력이 비는 것에 대한 불안감과 경제적 이유 등으로 잠시의 휴식도 없이 줄기차게 일만 하면서 경력을 이어가다간 자신의 인생은 메마르고 허무한 마음만 남게 될지도 모른다.

한 달씩 떠날 여유가 없다면 하루건 이틀이건 잠시라도 쉬어 보자. 그리고 자신을 돌아보자. 자신이 힐링 되는 시간은 언제이며 마음을 편하게 하는 것은 무엇인지를 말이다. 잠깐이라도 나를 돌아볼 시간, 상처받은 감정을 치유해 줄 힐링 타임을 가진 후 전쟁 같은 직장 생활로 돌아가도 크게 문제될 건 없다.

대부분 이 대목에서 이렇게 질문할 것이다. "그런데 힐링은 어떻게 하는 것인가요?"

그렇다면 직장인에게 힐링이란 무엇일까?

- 갑자기 잘 다니던 직장을 무작정 그만두고 어딘가로 홀연히 떠날 것인가?(이런 판타지는 그냥 판타지로 남겨 두자.)
- 친구들을 모아 놓고 개인사를 고백하며 눈물을 흘릴 것인가?(지금까지 술 마시며 털어놓은 개인사로는 아직 부족한가?)
- 느리게 살기를 실천하기 위해 지방으로 내려가 무소유의 삶을 살아갈 것인가?(남들 하는 대로 무작정 따라 하지 마라.)

진정한 힐링이란 무엇일까? 사람 생김새가 저마다 다르듯, 힐링의 방법도 제각각 다르다. 갑자기 잘 다니던 직장을 그만두고 여행을 떠나 느리게 살다 돌아와 여행기를 내고, 출퇴근 시간에 구애받지 않고 여행 작가로 자유롭게 사는 삶이 자신에게는 진정한 힐링이라는 이도 있다. 그런가 하면 도심에서 미친 듯이 일한 뒤 쇼핑하며 마음 달래는 것이 힐링이 될 수도 있다. 고막이 터질 듯한 시끄러운 클럽에서 나이를 잊고 춤을 추는 게 힐링인 이들도 있고, 가까운 산을 등반하며 자연과 함께하거나, 교회나

절, 성당 등 종교 활동을 통한 치유가 힐링이 되는 이들도 있다.

쉬는 날이면 맛있는 음식을 먹고 잠만 자는 것이 좋은 사람, 격렬한 운동을 하거나, 가까운 지인들을 불러 모아 왁자지껄한 분위기에서 술을 마시면 스트레스가 풀리는 사람도 있고, 서점에서 책을 읽고 카페에서 조용히 혼자 시간을 보내는 게 행복한 사람도 있다.

방법은 다르지만 이러한 행위는 온통 속도를 강조하며 성공을 향해 달리길 원하는 세상에 지친 자신을 되돌아보게 해 준다. 쉼과 여유를 주며 한두 발자국쯤 느리게 가더라도 개의치 않고 자신의 속도를 인정해 보라. 때로는 어느 한 곳에 멈추어 서서 주위를 돌아보며 계절의 변화를 느낄 줄 아는 것도 힐링이다.

물론 이 역시 개인마다 다를 수 있지만.

짧은 시간이라도 힐링 타임을 갖자

'남자는 동굴에 들어가는 시간이 있으니 여자는 이를 참고 기다려 주라'는 말이 있다. 나는 여자이지만 스트레스가 극에 달할 때면 혼자 동굴에 들어가야 한다. 충전이 필요할 때면 카페에서 혼자 책을 읽으며 글을 쓰거나 서점에서 한참 시간을 보낸다. 가끔은 아무 일정과 계획 없이 멍하니 바다를 바라보다 오기도 한다.

이렇게 나를 위로해 주는 시간을 보내고 나면, 다시 북적거리는 도심에서의 일상을 버틸 에너지가 충전된다. 일전에 포항으로 강의를 간 적이 있었는데, 그곳에서 가장 큰 감동을 받은 장소는 서울에서도 쉽게 갈 수 있는 곳인 스타벅스였다. 아침 일찍 일어나 고속버스를 타고 내려간 탓에 카페인의 자극이 필요했던 순간 스타벅스를 발견하고 느꼈던 기쁨은 지금도 생생히 떠올릴 정도이다. 낯선 장소에서 익숙한 위로인 커피 한 잔의 여유와 즐거움을 느꼈고 그 덕분에 그날 강연을 잘 마쳤다.

이렇듯 분초를 다투며 바쁘게 살아가는 도시의 삶에 지칠 때 자신을 위로하는 방법을 알고 있고 그것을 실천한다면 그 위로의 시간은 지치지 않고 많은 일을 해낼 수 있게 도와주는 원동력이 되어 줄 것이다.

잘 쉰다는 건 일을 더 잘할 수 있는 에너지를 충전하다는 의미이기도 하다. 당신은 휴식을 통해 어쩌면 안도 다다오처럼 '새로운 길'을 발견하게 될지도 모른다.

빛을 이용한 건축 설계와 노출 콘크리트 건축 스타일로 유명한 안도 다다오는 건축가가 되기 전 트럭 운전자와 권투선수로 일했고, 건축에 관해서 전문적인 교육을 받은 적도 없었다. 권투를 그만두고 1962년부터 1969년까지 세계 각지를 돌며 건축에 대해 독학으로 배웠다. 그가 여행하며, 건축에 대해 어떤 자극을 받고 무엇을 느꼈는지가 자연을 그대로 살린 그의 건축 양식에 그대로 반영된다.

인간은 보고 듣고 느낀 만큼 성장한다. 그는 과거의 경험을 통해 배운 것들을 현재 전혀 다른 업인 건축에서 활용하고 있다.

안도 다다오처럼 오랜 기간 여행할 수 없다면, 나처럼 도시의 흔한 카페에서 잠시라도 에너지를 충전하는 방법도 있다. 이렇게 자신만의 방법을 찾아보라.

- 당신이 마음의 위안을 얻는 장소는 어디인가?
- 조용히 자신을 되돌아 볼 수 있는 장소는 어디인가?
- 새로운 생각이 깊어지는 장소는 어디인가?

이직한다고 해서 완전히 새로운 삶이 펼쳐지는 것은 아니다. 이직한 회사 역시 업무를 하는 장소일 뿐이다. 그곳에서도 틀림없이 스트레스는 받게 될 것이다.

이제부터는 야근과 산더미 같은 업무에 시달릴지라도 하루에 30분 정도는 자신을 위한 시간을 내자. 카페에 들어갈 시간조차 없다면 눈을 감고 도심의 빌딩을 대나무 숲이라고 생각하며 심호흡을 하면서 온전히 자신에게 집중해 보는 건 어떤가?

진정한 힐링이란 가슴에서 들리는 자신의 목소리를 외면하지 않고 보듬어 주는 것이다. 남에게 보이기 위해 행복한 척 사는 것이 아니라 내가 정말 행복하게 사는 것이 가장 성공한 삶이다. 전직을 고민해야 할 시기, 순간의 간극을 이용해 자신을 위로하라.

영국의 사회학자이자 경제학자인 아놀드 토인비Arnold Toynbee는 "최고의 성취는 일과 놀이의 경계를 허무는 일이다"라고 말했다. 이러한 휴식을 통해 일하며 즐기는 방법을 터득한다면 더 큰 성과도 훨씬 쉽게 이룰 수 있지 않을까?

01 당신이 그토록 바라는 창업이라는 선택
02 타인의 말이 결정을 방해할 때
03 다시 공부하고 싶다면 한번쯤 용기 내기
04 유학은 현실도피일까 인생 개척일까
05 도시를 떠난 낯선 삶은 뭐 어때

01 당신이 그토록 바라는 창업이라는 선택
02 타인의 말이 결정을 방해할 때
03 다시 공부하고 싶다면 한번쯤 용기 내기
04 유학은 현실도피일까 인생 개척일까
05 도시를 떠난 낯선 삶은 뭐 어때

Part 5

길이 없을 땐 궤도를 이탈해도 괜찮아

당신이 그토록 바라는
창업이라는 선택

창업은 자유롭게 놀려고 하는 것이 아니다

이 과장 : 김 대리, 스트레스받아 죽을 것 같아, 담배나 한 대 피우러 가자.

김 대리 : 네, 이 과장님! 요즘 뭐 힘든 일 있으세요?

이 과장 : 힘든 일은 뭐, 늘 그렇지. 어휴. 사는 게 왜 만날 이 모양 이 꼴인지 몰라?

김 대리 : 과장님 사시는 게 뭐 어때서요. 퇴근 시간도 지났는데

맥주나 한잔 하러 가시죠?

이 과장 : 맥주? 그거 좋지. 치킨도 먹자고. 나도 이참에 은퇴하고
퇴직금 받아서 치킨집이나 차릴까? 윗사람에게 들들
볶이지 않아서 좋고. 내가 사장이니 내 마음대로 할 수
있잖아?

김 대리 : 치킨집, 좋죠. 얼마나 좋겠어요. 맛있는 치킨도 매일 먹
고, 맥주도 마시고! 그야말로 놀면서 돈 버는 거 아닙니
까? 요즘 프랜차이즈 시스템도 잘 되어 있어서 관리도
쉬울 거고요. 아, 저는 아르바이트생 한 명 두고 여유롭
게 카페나 차렸으면 좋겠어요.

이 과장 : 그러게나 말이다. 답답하게 사무실에서 넥타이 매고 이
게 뭐하는 짓이냐? 무슨 떼돈을 벌겠다고 이러고 앉아
있는지. 우리 첫째 애가 내년이면 고등학생인데 나는
만년 과장이야. 창업이나 하든가 해야지. 어디 돈 나올
구멍 없을까? 로또나 당첨되었으면!

김 대리와 이 과장이 퇴근 무렵 나눈 대화 내용이 어쩌면 낯
설지 않을지도 모르겠다. 직장인이라면 회사 근처의 치킨집이나
카페를 보며 한 번쯤 해 봤을 법한 창업에 대한 청사진이다. 평생
일한 회사에서 퇴직금을 받아 차린 음식점이 6개월 만에 폐업했
다더라 하는 '카더라 통신'은 들리지 않고 그저 '잘 되더라' 하는

성공담에만 촉을 세우고 많은 직장인들은 장밋빛 창업을 꿈꾼다.

어찌 보면 창업을 꿈꾸는 것이 당연하다. 갑-을 관계에 익숙한 사회에서 을의 입장으로 살아가는 이들이 보기에는 창업이야말로 단숨에 갑으로 역전되는 기회이기 때문이다. 그런데 과연 창업은 과연 말처럼 쉬운 것일까?

대기업에서 임원으로 일하고 퇴직한 E씨는 한때 세상에 부러울 게 없었다. 그도 그럴 것이 높은 연봉에, 회사에서는 대형 세단과 운전기사까지 제공되었고 하청업체들의 정성 어린 대우를 받았으며, 자신의 부하직원들은 언제나 자신을 깍듯하게 대우했다. 그러니 세상에 부러울 것이 없었다. 하지만 흐르는 세월 앞에 영원한 것은 없었다. 임원 재계약에 실패한 것이다. 결국 그는 그간 모아둔 돈과 퇴직금으로 야심 차게 치킨집을 창업했다. 그간 자신이 구축한 인맥만으로도 장사는 충분히 수지 타산이 맞을 것이라고 생각했다.

처음 몇 개월은 장사가 잘 되는 것처럼 보였다. E씨는 신이 나서 '진작 창업을 할 걸 그랬다'며 기고만장했다. 하지만 이상 기운은 석 달째부터 감지되었다. 꽉꽉 차던 테이블은 조금씩 한산해지더니 이윽고 에어컨 돌아가는 소리만 윙윙거렸다.

시간이 지날수록 손님은 기하급수적으로 줄어들었고, 매일 튀기던 닭이 남아돌자 다음 날 다시 튀겨서 내는 식으로 원가를 아끼고자 했다. 하지만 그 결과 치킨 맛은 떨어질 수밖에 없었다.

그러자 손님은 더 줄었다. 손님이 줄자 있는 아르바이트생들을 내보내고 본인이 매장에서 서빙까지 하며 뛰어다녔다. 한번 생각해 보라. 휑한 치킨집에 들어가 치킨을 시켰더니 닭 비린내 나는 맛없는 치킨이 나오고 홀에는 배 나온 대머리 아저씨가 근심 걱정이 가득한 표정으로 부담스럽게 재미없는 TV 프로그램을 틀어 놓고 앉아 있다면 그 가게에 다시 가고 싶을까? 결국 E씨의 야심 찬 창업은 번 돈을 홀랑 까먹고도 빚을 남긴 채 쓸쓸히 막을 내렸다.

E씨는 무엇을 잘못했을까? 창업 이후 자신이 누렸던 과거의 영광에서 헤어 나오지 못한 것이 가장 큰 문제였다. 거만한 태도와 지시하는 듯한 어투로 손님을 대한다면 과연 손님이 계속 찾아오겠는가? 음식 맛이 좋은 것도 아니고, 그렇다고 분위기가 좋지도 않은 침울한 치킨집에 돈을 내면서까지 다시 가고 싶은 사람이 있을까?

창업에도 성공 법칙이 있다

반면 같은 업종임에도 창업해서 대박을 낸 O씨도 있다. 4년제 대학을 졸업한 O씨는 회사 생활을 하다가 문득 '여기서 계속 근무해 봤자 5~6년 정도 지나면 지금의 팀장님처럼 살고 있겠구나'라는 생각이 들었다. 그는 자신의 팀장처럼 답답하게 살고 싶지는 않았다. 그래서 과거에 했던 아르바이트 경험을 떠올려 보았다. 자신은 무엇보다 다른 사람들과 이야기하며 활기차게 일하는 것이 제일 즐거웠다. 그 후 차근차근 창업 준비를 시작한다. 창업박람회에도 가 보고 현재 치킨집을 운영하고 있는 사장님들도 찾아다니면서 준비 작업을 체계적으로 해 나갔다. 그리고 대출을 많이 받지 않아도 되는 작은 평수의 가게를 연다.

가게는 야구장 인근에 있었다. 좁은 매장이었기에 배달에 주력하기로 했다. 한 시간 전에만 전화로 예약하면 야구장 관람석까지 배달해 주는 서비스를 했다. 치킨의 맛에도 정성을 들였다. 신선한 기름을 사용했고 통통하게 살이 오른 치킨을 바삭하게 튀겨 따뜻한 상태로 판매했다. 시의적절한 마케팅과 겸손한 태도를 갖춘 O씨의 치킨집은 금방 입소문이 났고 블로그 마케팅을 통해 계속 매출이 오르며 지금도 계속 성장하고 있다.

직장인들이 쉽게 하는 '창업하고 싶다'는 생각에는 '일상을 벗어나고 싶다'는 의미도 담겨 있다. 지시받는 사람이 아니라 지시하는 사람이 되고 싶다는 욕망도 숨어 있는 것이다. 갑-을 관계에서 지겨운 을의 굴레에서 벗어나 갑이 되고 싶은 것이다. 하지만 창업한다고 해서 갑의 입장으로만 살아갈 수는 없다. 그렇다고 직장인이 언제나 을인 것도 아니다. 한번 생각해 보라. 당신이 퇴사를 하면 다니던 회사의 서비스나 제품을 구매하는 순수한 소비자가 된다. 을의 입장에서 퇴사하는 순간 고객이라는 갑이 되는 것이다.

당신이 회사를 그만두고 그렇게 하고 싶었던 창업을 하겠다면 나는 적극 응원한다. 하지만 먼저 창업하는 순간부터 사장이라는 갑이 됨과 동시에 자신의 고객에게는 철저한 을이 되어야 한다는 사실만큼은 반드시 가슴에 새겨 넣어야 한다.

물론 철저히 준비하고 계획을 체계적으로 세워 위험부담을 최소화하는 것은 기본이다. 스타벅스도 처음부터 글로벌 브랜드였던 것은 아니다. 하나의 작은 매장에서부터 시작했다. 당신도 스타벅스처럼 거대 기업의 대표가 될 수 있다. 그런 가능성을 외면하지 마라. 단 고객에게 철저한 을이 되겠다는 의지는 필수로 갖춰야 한다.

 타인의 말이
결정을 방해할 때

꿈을 이루려면 다른 길을 선택하라

목공일에 재능이 있었던 올레 키르크 크리스티얀센Ole Kirk Christiansen은 스물다섯 살이 되던 해에 목공 관련 사업을 벌인다. 젊은 나이에 목공소를 운영한다는 야망을 현실화했고, 규모도 점차 키워갔다. 하지만 두 아들이 난로를 만지다 불을 내는 사고로 목공소 전체가 불에 타 버리는 아픔을 겪는다. 그는 재기를 노렸지만 운 나쁘게도 당시 대공황의 영향으로 폐업 직전까지 이르게 된다. 그래서 모든 것을 정리한 후 직접 담근 레드와인으로 장사를 시작했지만 이마저도 실패로 돌아간다.

아이가 둘이나 있고 빚까지 잔뜩 진 상황에서 재기의 기회는 더 이상 없을 것 같았다. 그런 절망적인 상황에서 텅 빈 목공소에서 그는 자투리 나무 조각으로 재미 삼아 장난감을 만든다. 이 장난감을 갖고 싶었던 한 아이가 다가와서는 "저에게 장난감을 파세요"라고 말한다. 그는 이 말에 희망을 얻어 레고*Legodt*라는 브랜드로 나무 장난감을 만든다.

레고는 '재미있게 놀다'라는 덴마크어의 줄임말이며, 이것이 사업의 시작이었다. 이후에도 몇 번의 화재가 이어졌다. 아버지에게 사업을 물려받아 사장으로 취임한 아들은 나무로 만든 제품이 불에 타는 상황에 진저리가 났다. 그래서 목재 완구의 생산을 중단하고 플라스틱 장난감을 개발하게 된다. 이것은 오늘날 전 세계인들이 열광하는 레고 블록의 시작이다.

'1년 내내 가지고 놀 수 있고 무엇이든 만들어 낼 수 있다'는 모토에 걸맞게 여섯 개의 레고 블록으로 무려 9억 1500만 가지의 조합을 만들어낼 수 있다. 현재 전 세계 40억 인구가 1년에 50억 시간씩 레고를 가지고 놀면서 즐거움을 만끽하고 있다. 이런 환상적인 장난감은 어떤 사람들이 개발하고 있을까?

현재 지구 상에는 어른과 아이를 합쳐 3억 명 정도의 레고 디자이너가 있다. 이들은 놀면서 월급을 받는다. 코펜하겐, 보스

길이 없을 땐 궤도를 이탈해도 괜찮아

턴, 도쿄, 밀라노, 런던 등 전 세계에서 하루 종일 레고 블록을 가지고 노는 것이다. 창의적인 블록 놀이를 통해 새로운 조합이 개발된다. 이런 세계적이고 멋진 일을 하는 사람들은 당연히 건축 전공자들이며 조립이나 구조에 관해 많은 공부를 한 사람들이라고 추측할 것이다. 그런데 의외로 이들 중 건축을 전공한 사람은 몇 명 되지 않는다. 이들의 공통점은 어린 시절부터 레고를 좋아해서 레고에 홀릭했던 경험이 있다는 것이다. 이 사람들의 대부분은 아마도 레고 디자이너가 되기 전까지는 주변 사람들에게 '다 커서 장난감이나 가지고 노는 한심한 현실부적응자'라고 손가락질당했을 가능성이 높다.

'매일 일정한 시간에 일어나 일정한 시간에 밥을 먹고 회사에 출근해서 일하고 정해진 시간에 퇴근하며 비슷한 시간에 잠을 자는 행위가 우리가 알지 못하는 거대한 조직의 음모에 의한 것이 아닐까?'라는 엉뚱한 생각을 가끔 해 본다.

절대적 권력을 가진 이들이 일반 시민들을 손쉽게 통제하기 위해 일이라는 올가미로 사람들에게 정형화된 삶을 강요한다. 그리고 그렇게 사는 것이 정상적이고 행복한 삶이라는 고정관념을 대중매체와 교육을 통해 주입한 다음 모두 똑같이 살게 만든다. 그다음, 그 궤도를 벗어나는 사람들을, 다시 말해 자신들의 통제권을 벗어난 이들을 낙오자나 현실부적응자 혹은 실패자라고 비난하게끔 만든 거대한 음모에 속아 살아가고 있는 것은 아닐까 라는 다소 엉뚱한 생각을 한다.

상위 1퍼센트에 해당하는 일부 계층 사람들은 중·하류층의 사람들처럼 반복적이고 기계적으로 일하지 않아도 되는 달콤한 자유를 누리면서 살아가고 있다. 물론 자발적으로 경쟁을 포기하고 가난하지만 자유로운 삶을 누리며 살아가는 이들도 있다. 하지만 같은 코드가 입력된 로봇이 아닌 이상 어쩜 이렇게 모든 사람들이 비슷한 모습으로 살아갈 수가 있단 말인가? 그것도 전 세계에 있는 각기 다른 나라의 모든 사람들이 말이다. 이 획일화된 음모에서 우리가 살아남을 방법은 그들의 방식을 따르지 않는 것이다. 그 때문에 듣게 되는 비난에 대해서는 반응하지 않고 스스로의 삶에 만족하면 된다.

나는 '하고 싶은 일을 자유롭게 하면서 재미있게 살 거야'라는 생각을 모토로 삼아 여러 직업을 경험하며 살아왔다. 하지만 편견에서 비롯된 사람들의 부정적인 말 때문에 가장 많이 상처 받았다. 모두들 내가 어떤 일을 할 때 행복한지, 무엇 때문에 힘든지는 물어보려 하지 않았다. 단지 자신들과 다른 삶을 살아가고 있다는, 앞서 말한 '정상 궤도를 벗어났다'는 사실에만 초점을 맞추었고 나를 비난하기에 바빴다.

하지만 나는 아랑곳하지 않았다. 책을 읽으며 많이 위로받았고 용기를 얻었다. 책에서만큼은 나보다 더 개성 있는 삶을 살아가거나, 더 많은 실패를 겪었던 이들의 이야기를 접할 수 있었기 때문이다. 그들은 '너는 정상이야. 꿈을 이루려면 그런 과정이 당연한 거야. 잘하고 있어. 오늘의 실패가 너를 만들 거야'라고 격려해 주었다. 나는 이런 응원에 힘을 얻었고 정말 하고 싶은 일을 찾기 위해 수많은 시행착오를 겪었다.

하지만 만약 그때 한 사람이라도 "궤도를 벗어나도 괜찮아. 너는 너만의 삶의 방식을 고수해"라고 말해 주었다면 얼마나 위안이 되었을까 싶다. 그랬다면 당시 내가 받았던 상처와 흘렸던 눈물은 반 이상 줄었을 것 같다.

더 아이러니한 것은 내가 궤도를 벗어난 방식으로 어떤 성과를 이루어 낼 때 사람들이 보인 반응이었다. 이상한 아이, 제정신이 아닌 여자, 허파에 바람만 든 아이, 구제불능이라고 손가락질하던 사람들이 완전히 다른 반응을 보였다. '나는 진즉 네가 뭔가 이룰 줄 알았어. 거봐 내가 너는 잘될 거라고 했잖아. 기특하다. 역시 너는 내 친구야' 등 너무도 다르게 반응했다.

사실 다른 사람들의 비난도, 칭찬도, 아부도 모두 크게 의미 있는 것은 아니다. 남들이 하는 그 어떤 말에도 크게 신경 쓰지 않는 편이 나의 정신 건강에 도움이 된다는 사실을 깨달았기 때문이다.

그러니 만약 당신의 결심과 생활, 꿈을 향한 열정에 대해 누군가 비난하거든 신경 쓰지 마라. 그들은 당신의 인생에 왈가왈부할 자격이 없다. 당신은 묵묵히 당신 인생의 주인공으로 중심을 잡고 살아가면 된다.

궤도를 벗어나고 싶다면 사오정이 되라

대부분의 사람들은 겁도 많고 미래에 대한 두려움도 크다. 물론 나도 그렇다. 궤도를 벗어난 삶을 살아가다가 돌이킬 수 없는 실패를 저지를까 봐 두렵기도 하다. 이런 두려운 감정은 결혼을 해서 책임져야 할 가정이 있거나 직급이 올라가 지켜야 할 사람, 책임져야 할 무언가가 많아질수록 더 심해진다.

따라서 대부분의 사람들은 무모한 시도와 모험을 하기보다는 안정적으로 살아가길 바란다. 그리고 그들은 일반적인 삶의 궤도를 벗어나 자신만의 방식으로 인생을 사는 이들에게도 안정을 권한다. '안정적인 울타리 안에서 그들은 행복하게 살았습니다'로 끝나는 동화가 경험 많은 선배의 조언, 진심을 담은 충고라는 명목으로, 궤도에서 벗어나지 말라고 충고한다.

하지만 그들의 속마음에는 자신들도 자신의 꿈을 따라 살아보고 싶다는 욕구가 있을 것이다. 단지 입 밖으로 말하고 실행한다면 자신이 지켜야 할 것들이 산산조각 날 것 같아 쉽게 실행하지 못하는 것이다. 그러면서 언젠가 은퇴 후 먼 미래에는 그런 삶을 살 것이라는 꿈만 꾼다. 그러고는 충직하게 다람쥐 쳇바퀴 도는 삶을 살아간다. 만약 지금 당신이 현재의 삶이 잘못되었다는 확신이 들면 우선 용기를 내면 된다. 벗어나면 낭떠러지일 것 같은 그 궤도를 과감하게 이탈해 보라.

정상적이라 불리는 궤도를 이탈하고 싶다면, 규율화된 사람들의 비난과 힐난에 흔들리지 않고 상처 입지 않아야 한다. 당신을 위한 애정이 담긴 충고라는 그들의 교묘하고 시끄러운 잔소리를 가장한 비난의 소리에 스스로 귀를 막는 연습도 해야 한다. 특히, 당신 자신이 자신에게 하는 평가에 너그러워지자. 남에게 받는 상처보다 자신에게 받는 상처가 더 아프니까.

모든 성공 공식과 삶의 방식은 누군가가 만들어 낸 것에 불과하다. 새로운 발견이 있다면 그 방식은 바뀔 수도 있다. 이런저런 노력을 다 해 보았지만 당신이 회사라는 울타리보다는 다른 인생이 어울린다고 결론이 난다면 그렇게 사는 게 정답이다.

 다시 공부하고 싶다면
한번쯤 용기 내기

진짜 공부만 하는 게 가장 쉬웠다

"공부하는 게 제일 편하지. 주는 밥 먹고 공부만 하면 되니까."

학생 때 제일 듣기 싫던 말이 "공부해라"와 "그래도 학생이 제일 편하지"였다. 하지만 어느새 나는 그렇게 듣기 싫어했던 바로 그 말을 무심결에 한 학생에게 해 버리고 말았다.

"공부가 가장 쉬웠어요"라는 말이 속된 말로 '재수 없다'라고 생각했던 적도 있지만, 노력해도 군중 속에 묻히는 사회생활에 부대끼는 것보다는 노력하면 성적이 오르는 공부가 한편으로는 쉬울 수 있다고 생각한다. 특히 회사 다니면서 가장 많이 들었던 생각은 '이런 노력으로 공부했으면 서울대학교도 들어갔겠네'였을 정도로 회사생활이라는 게 녹록지 않다.

회사 생활을 통해 자신의 현재 스펙으로 어느 정도 위치까지 올라가는 것에 한계가 있다는 것을 실감하게 되면 그렇게 하기 싫던 공부가 죽도록 하고 싶어지기도 한다. 그래서 주변에는 회사를 다니다가도 중도에 유학을 가거나 전공을 바꿔 학부에 다시 입학하거나 대학원에 입학하는 사람도 많다. 공부를 통해 여러 가지 형태로 경력에 도움을 주고 인생의 진로를 바꿀 수도 있다.

사내 커플로 결혼한 S대리와 L대리는 결혼을 준비하며 미래를 구상해 봤다. 은퇴 이후 어떤 삶을 살 것인지를 곰곰이 생각하며 자금계획과 적성 및 소질까지 꼼꼼히 고려해 본 결과 아내가 2년제 학교의 안경학과에 재진학하기로 결정한다.

아내는 관리직 업무를 맡고 있었는데 활발한 성격상 사무실에 틀어박혀 일하는 상황이 답답했다. 하지만 부모님의 생활비를 부담해야 했고, 또 어렵게 들어온 회사를 나가는 게 쉽지 않아 참고 근무했다. 안경점을 운영하며 자리를 잡고 있는 동안 남편인 S대리가 퇴직하여 합류하기로 했다. 안경학과에 다시 들어가기 위해 공부하며 L대리는 콧노래를 불렀다. 지긋지긋한 회사를 떠날 수 있다는 희망으로 행복해한다.

물론 안경점을 해도 수많은 난관이 있을 걸 어느 정도는 예상한다. 하지만 내일의 고민은 내일 해도 충분하다. 아내는 1년간 회사를 다니며 준비한 끝에 학교에 입학했고 대학교 1학년생이 되었다.

사람의 마음은 참 이상하다. 다른 일을 해도, 다른 회사에 가도 크게 생활은 달라지지 않는다는 것을 알면서도 희망을 품게된다. '내일은 좋을 거야, 내일은 내일의 해가 뜰 거야'라는 기대와 희망은 인간의 정신 건강에 얼마나 도움이 되는 긍정적 자기 암시인가? 내일이 돼도 별 달라질 게 없을지라도, 다시 그다음날의 새로운 희망을 꿈꾸면서 살아갈 수 있으니 말이다.

출근하기는 싫고, 회사에 다니는 게 끔찍하게 싫지만 그렇다고 뾰족한 대안도 없다. 새로운 일을 다시 시작하자니 나이도 많고 실패할까 두려워 겁도 난다. 이러한 현실 앞에서 전공을 바꾼 재입학이나 대학원 진학은 상당히 매력적일 것이다. 그래서인지 이런 사람들이 주변에 은근히 많다. 은행에 다니던 지인도 유치원을 운영하고 싶다며 유아교육학과에 다시 입학했다.

짧은 가방끈이 콤플렉스라면 끈을 늘리면 그만이다

한국무용을 전공하고 교육 컨설팅 업체에 근무하고 있는 C대리는 늘 자신의 실력이 부족하다는 콤플렉스에 시달렸다. 무용계에서는 최고라 불리는 학교를 졸업했지만 무용을 전공한 이들이 갈 수 있는 길은 한정적이었다. 게다가 몸으로 하는 일보다 전문적인 지식이 필요한 일을 하고 싶었지만 딱히 가고 싶은 분야도 없었고 재능도 없다고 생각했다. 그러던 중에 우연히 교육 컨설팅 회사에서 세미나 운영 아르바이트를 하게 되었고, 그 일을 계기로 직원으로 근무하길 제안 받았다. 결국 얼떨결에 그 회사에 입사하여 경영지원 업무를 했다.

처음 1년은 회사에서 시키는 업무를 하느라 정신없이 지나갔고, 그다음 1년은 부족한 인력 때문에 교육기획 업무에 투입되어 실무를 담당했다. 그다음 1년은 기업에서 의뢰한 교육현장에 투입되어 오거나이저까지 할 수 있는 실력을 갖추게 되었다. C대리는 본인에게 벅찬 업무에 시달리면서도 '이 회사가 아니면 무용 전공자인 나를 어디서 뽑아주겠어'라는 생각으로 참아 냈다. 더불어 자신이 회사의 능력자이자 꼭 필요한 사람이라는 사실도 낮은 자존감을 충족시켰다. 하지만 컨설턴트로 활동하기엔 전공이 늘 걸림돌이 되었다.

"무용을 전공한 사람이 왜 교육 컨설팅 업무를 해요?"라는 지나가는 말 한마디에도 상처받았다. 다른 직원들은 석사, 박사까지 한 이들이라는 사실에도 기가 죽었다. 외국계 회사이다 보니 영어까지 잘해야 하는 압박 속에 5년 차가 되자 결단을 내린다. 더 이상 자신감 없는 상태에 머무르지 말고 대학원에 진학하기로 말이다. C대리는 경영전문 대학원에 진학하여 일과 학업을 병행했다. 몸은 피곤했지만 마음의 안정을 찾았다. 경영학 석사와 그간의 실무 이력을 가지고 나중에는 다른 회사로 이직하거나 현재 회사에서 임원까지 승진할 수 있으리라는 기대도 할 수 있게 되었다.

요즘은 하고 싶은 일, 해야 할 일을 하는 데 전공은 무관하다는 말들을 많이 한다. 그러나 정말 뛰어난 능력을 가진 경우는 예외이겠지만 여전히 현업에선 업무관련 전공자를 선호한다. 회사는 학교가 아니다. 학교는 학생을 교육하는 기관이지만, 회사는 직원에게 월급을 주며 일을 통해 성과를 내는 것을 목표로 한다. 이런 상황에서 비전공자를 채용해서 한 명 한 명 교육하며 손실되는 기회비용을 부담하길 꺼린다. 호텔경영학을 전공한 J씨가 자동차 부품 회사에 입사 지원을 하자 면접자가 의아해하며 이렇게 물었단다.

"호텔경영학을 전공했으면서 뭐 하러 자동차 회사에 왔어요?"

　기업 입장에서는 면접자가 아무리 자동차를 좋아해서 지원했다고 말해도 의아할 수밖에 없을 것이다. 그 누구의 탓도 아니다. 엄한 현실을 빈정대며 괴로워할 시간에 다른 전공이나 자격증을 통해 당신이 하고 싶은 일에 알맞은 조건을 만드는 편이 훨씬 유리하지 않겠는가.

　'공부하면 경력이 끊기잖아. 그 공백은 어떻게 하라고'라며 걱정할 수도 있다. 당연히 공부하면 경력은 단절된다. 그렇게 조바심이 난다면 공부를 마친 뒤 직장으로 돌아와 전보다 더 일과 연애하듯 치열하게 일하라. 학생으로서 하고 싶은 공부를 한다는 달콤한 행복을 누린다면 그 정도 불안의 대가는 감당해야 하는 게 아닐까?

04 <u>유학은 현실도피일까</u> 인생 개척일까

도피라 불릴지라도 가고 싶다면 떠나라

"유학이나 가 버릴까?"

보험회사에서 근무하던 29세 Q씨는 도저히 우리나라에서는 미래가 보이질 않는다며 1년간 돈을 모아 캐나다로 워킹홀리데이를 떠났다. 집에서 지원해 준다면 편안하게 유학 생활을 했겠지만, 손을 벌릴 수 없는 환경이기 때문이었다.

"들어가기 싫어요. 한국 들어가면 결혼하라는 압박밖에 더 있겠어."

우리나라에서 대학교를 졸업하고 교수가 되고 싶다는 꿈을 위해 독일에서 박사 과정에 있는 37세 K씨. 그는 외롭긴 하지만 누구도 자신의 인생에 관여하지 않는, 자유롭고 조용한 일상이 좋았다.

"왜 다른 사람들 눈치를 보면서 살아야 하지? 난 여기서 사는 것에 만족해."

베니스에서 여행 가이드로 일하며 시간이 나면 여행을 다니면서 생활하는 35세 O양은 한국에서 요구하는 엄격한 규율과 관습에 어울리지 않는 사람이다. 그녀는 '너무 튀지 말고 평범하게 살라'며 강요하지 않는 나라에서 유유자적하게 사는 지금의 삶이 좋다. 부모님, 친구도 보고 싶지만 그리움은 잠깐이다.

"내가 결혼이라는 걸 할 수 있을지 모르겠어. 하지만 나는 부모님 유산을 미리 받아 쓰는 셈이기 때문에, 지금 부모님께 유학비를 충당 받아도 괜찮아."

미국에서 박사 과정을 공부하면서 나이 들어서까지 돈을 벌지 않는다는 눈총에 대해 38세 K씨는 유산을 미리 받는 것이라고 합리화한다. 결혼하지 않았다는 것이 걱정이기는 하지만 현재 자신의 삶을 포기하기 싫다.

"물론 한국에 아내도, 아이들도 있지만 일단 내가 중요하니까. 3년만 더 공부하면 우리 가족이 행복해질 거야, 그때까지만 아내가 버텨 준다면 이후엔 내가 행복하게 해 줄 거야."

한국에 세 살 딸, 다섯 살 아들을 남겨 두고 홀로 유학을 떠나 왔지만 평생의 꿈이기 때문에 포기할 수 없다는 L씨는 지금 40세이다.

이상은 직장인으로 돈벌이를 하면서 살아야 할 나이에 유학을 떠난 사람들을 인터뷰한 내용이다. 그들이 이기적으로 보일 수도 있겠지만, 그들은 자신의 삶이 무엇보다도 소중하다고 생각해서 유학을 떠났다고 했다. 가족들의 희생도 알고 있고 미래에 대한 불안감도 가지고 있다. 하지만 그래도 일단은 지금의 자신이 중요하다는 것이다.

앞서도 말했지만 시대가 바뀌면서 가치도 바뀐다. 유난히 가족 중심적인 우리나라도 점차 '개인의 행복한 삶'이 무엇보다 중요하다는 가치관과 패러다임으로 바뀌고 있다. 과거에는 획일

길이 없을 땐 궤도를 이탈해도 괜찮아

적이고 이성을 강조한 엄숙한 사실 위주의 교육과 주입식 교육을 강조했다면, 지금은 스토리와 재미 중심의 교육을 지향한다. 이성과 감성의 조화를 추구하며 재미까지 중요시한다. 과거에는 산업을 발전시키기 위해 근면성실하게 최선을 다하면서 규모와 체면을 우선시하고 희생과 고통이 미덕이었다면 지금은 나와 전체가 균형 있게 어우러지는 삶, 내면의 만족을 추구하며 개성과 창의를 강조하는 시대이다. 과거에는 다름을 배척했지만 지금은 다름은 틀린 것이 아니라며 포용한다.

패러다임의 변화에 따라 사회 구성원의 가치관도 충돌하고 있다. 유교 사상의 영향으로 보수적인 사고방식을 가진 구세대들은 '자신의 삶이 무엇보다 소중한' 젊은 세대의 사고방식을 잘 이해하지 못한다. 창의력이 중요시되는 시대를 살아가는 우리들에게 획일성과 전체와의 조화를 강조하면서 '우리나라는 왜 스티브 잡스나 빌 게이츠 같은 창조적 기업가가 나오지 않는 거야!'라며 이중 잣대를 들이대기도 하는데 이는 참 안타까운 일이다.

도피로만 끝내지 않을 방법은 반드시 있다

윗세대들의 희생과 헌신 덕분에 젊은 세대들이 풍요롭게 살게 된 점에 대해서는 감사할 따름이다. 하지만 시대가 달라졌고 가치도 달라졌다. 이런 상황에서 '우리는 이렇게 살았으니 너희들도 그렇게 살아야 한다'는 말은 억지에 불과하다. 왜 모두 똑같이 고생하면서 힘들게 살아야 하는가?

윗세대들은 '너희는 나처럼 살게 하고 싶지 않아서'라든가 '다음 세대는 우리 같은 설움을 당하게 하고 싶지 않아서' 열심히 일했다고 말한다. 그러면서도 젊은 세대가 막상 자유롭고 행복한 삶을 선택하려고 하면 자신들처럼 사는 것이 옳은 것인 양 수단과 방법을 가리지 않고 젊은 세대의 생각을 무조건 바꾸려고 든다.

직장을 다니다 유학 가는 건 잘못이 아니다. 남들 일할 나이에 유학을 가는 것은 문제되지 않는다. 사람들은 직장을 다니다가 유학을 선택하는 이들에게 '현실 도피'라고 비난하기도 한다. 하지만 유학을 갔다 온 이후의 모든 위험 요소(어쩌면 더 나빠질지도 모를 현실)와 어려움을 스스로 감당하겠다는데 왜 비난하는지 모르겠다.

파리에서 여행 가이드로 여유로운 삶을 살아가는 40대 후반인 Y씨는 10년째 한국에 방문하지 않는다. 부모가 남긴 빚더미, 아무리 노력해도 나아질 것 같지 않은 현실, 믿었던 지인의 사기, 사랑의 배신 등 감당하기 어려운 일이 한꺼번에 닥치자 어떻게든 비행기 표를 마련해 무작정 파리로 떠났던 것이다. 파리를 선택한 것은 하나뿐인 여동생이 결혼해서 살고 있었기 때문이었다.

파리에서 만난 경제적으로 여유로운 유학생들을 보며 부러웠지만 허드렛일을 해 가며 일을 시작해 돈을 모았고 학교에 다녔다. 샌드위치 하나 사 먹을 돈이 없어서 쫄쫄 굶은 날도 있었지만 행복했다. 파리 생활에 잘 정착하려면 결혼을 해야겠다고 생각했다. 그래서 레스토랑을 운영하는 아시아계 친구와 데이트에 성공했고 결혼에도 골인한다. 우여곡절 끝에 파리에서 안정을 이루었고 그곳에 정착할 수 있었다.

그는 한국 생활에 대한 그리움은 있지만, 다시 돌아가서 살아갈 자신은 없다고 말한다. "벼랑 끝에서 도망친 거예요. 그때 파리로 도망치지 않았다면 저는 이 세상에 존재하지 않을 수도 있어요. 전 지금이 좋아요"라고 말하는 그는 유학을 통해 칼바람이 불고 꽁꽁 얼어붙은 겨울 같은 인생에 봄이 찾아왔다고 했다.

때로는 제자리에서 모든 문제를 해결하기 위해 끙끙대는 건 미련한 행동일 수 있다. 지금 정말 견디기 힘들다면 미련없이 지금의 자리에서 떠나는 것도 한 가지 방법이다. 돌아온 뒤의 모습에 대한 고민은 잠시 접어 두자. 지금 당신은 인생에 지쳐 있을 뿐이다. 눈이 부셔서 쳐다보기조차 어려울 것 같은 찬란한 미래와 그 미래를 누리고 있을 당신을 상상해 보라. 더디게 오는 것 같아도 언젠가는 올 인생의 봄이, 당신을 포근하게 안아 줄 날은 반드시 올 것이다.

<u>도시를 떠난</u>
낯선 삶은 뭐 어때

길이 없을 땐 궤도를 이탈해도 괜찮아

도시의 삶에 지쳤다면 떠나라, 낯선 곳으로

다람쥐 쳇바퀴 도는 것 같은 인생에 넌더리가 나고 어떻게 살아야 할지 의문이 들 때나, 많은 걸 이루었다 생각했지만 손가락 틈새로 빠지는 모래알처럼 아무것도 이룬 게 없다는 결론에 이른다면 한숨이 나올 만큼 인생이 무의미하게 느껴지기도 한다.

한 남자가 있었다. 그는 자기 인생에서 쉽게 일어나지 않을 것 같았던 일인 이혼까지 했다. 식음을 전폐한 채 마음 아파했다. 하지만 계속 이렇게 살다간 나쁜 맘을 먹을 수도 있겠다는 불안감에 일부러 많은 사람을 만났고 미친 듯이 놀았으며 마실 수 있을만큼 술을 마셨다. 놀다 보니 홍대 쪽에 '마음 맞는 친구들과 예전의 자신을 되찾을 수 있는 멋진 아지트를 만들어 보고 싶다'는 생각이 들었다.

'어차피 단 한 번뿐인 인생, 너무 딱딱하게도 너무 무르게도 말고 적당히 탄력 있고 재미있는 상태로 행복하게 살자'고 생각했다. 그리고 염통이 쫄깃해질 정도로 재미있게 보낼 수 있는 공간 〈쫄깃센타〉를 짓기로 한다. 친동생인 SG워너니와 평소 잘 알고 지내던 브루스를 부추겨 일을 낸다.

이는 《애욕전선 이상 없다》와 《탐구생활》을 쓴 인기 만화가 메가쇼킹(고필헌 씨)이 도시를 떠나 제주에 이민하기 위한 시발점이 된 사건이다.

지금은 '쫄깃 패밀리'라 불리는 제작진들과 함께 제주도에서 가장 성황을 이루는 게스트하우스를 운영하며 인생을 즐기고 있다. 그는 자신에게 닥친 이혼이라는 일생일대의 사건의 충격에서 벗어나기 위한 노력을 통해 인생의 터닝 포인트를 갖게 된다.

홍대 쪽에 아지트를 마련하자니 보증금이 너무 비쌌다. 우연히 술자리에서 제주도에 게스트하우스를 만들자는 농담 섞인 의견이 나와, 제주도에 가서 놀기로 한다. 일단 티셔츠를 만들어 트위터를 통해 판매하여 종잣돈을 만들어서 제주도로 떠났다. 제주도의 여러 게스트하우스를 돌며 철저히 사전조사를 했고, 제주도에서 머무는 동안 적당한 자리를 물색하던 중, 협재 해변에 있는 허름한 이층집을 인수하여 게스트하우스로 탈바꿈시켰다.

그가 운영하는 게스트하우스 거실에는 텔레비전이 없다. 커다란 창문으로는 협재 해변과 드라마 〈봄날〉의 촬영지인 비양도가 보인다. 자연이 시간대별로 보여 주는 가슴 벅찬 감동과 바다를 바라보며 널찍한 거실 벽면에 있는 노란 책장에 가득 꽂힌 책을 읽거나, 여행지에서 새로운 사람을 만나고, 혹은 새로운 자신을 만나며 누구나 쉬어갈 수 있는 장소를 만들었다.

물론 이 모든 일을 쉽게 이룬 것은 아니다. 〈쫄센쫄깃센타〉을 짓기 위해 함께 일할 사람들이 필요해서 무보수에 숙식 제공 조건으로 사람을 모았다. 도시를 떠나 제주로 내려온 쫄깃 패밀리들은 재미있게, 각자의 인생을 살아간다.

전직 10년 차 카피라이터이자 요리를 잘하고 사진을 잘 찍는 '감성돔' 이윤석 씨, 전직 통신설비업체 직원이자 넉넉한 성격에 담배와 술을 좋아하는 '번개소녀' 박준석 씨, 컴퓨터 프로그래머였던 이효준 씨, 건축학과를 나와 영국에 유학을 갔다 게스트하우스를 운영했고 바리스타 자격증까지 있는 '요술공주 민키' 오민기 씨, 캐나다에서 10년간 목조 주택을 지어 분양하는 일을 한 건축가 윤영현 씨, 그리고 메가쇼킹의 동생 SG워너니 고원헌 씨까지 막강한 쫄깃 패밀리들이 모여 직접 게스트하우스를 짓고 빈 벽에는 커다란 고래 그림을 그려 넣어 그들만의 아지트를 완

길이 없을 땐 궤도를 이탈해도 괜찮아

성했다.

　게스트하우스 완성 이후 일주일간의 무료 숙박 행사를 거쳐 현재까지, 〈쫄센〉은 도시에 지치고 일상에 지친 이들에게 휴식을 주는 장소가 되어 주고 있다.

　집은 그 주인을 닮는다고 한다. 주인이 편안하고 따뜻한 사람이면 그 집에 갔을 때 손님도 덩달아 편안해지고 주인이 예민하고 불안한 성격의 사람이라면 손님도 덩달아 불안해 좌불안석이 된다는 것이다.

　"언젠간 행복해지겠지…… 웃기는 소리! 모두 다 낚인 거야! 한 번뿐인 인생, 지금 당장 쫄깃하게!"라고 외치는 〈쫄센〉의 주인장 앞에서는 굳이 힘내지 않고 힘을 빼도 된다고 위안받는다. 모두가 힘내라고 외치는 세상, 힘 빼고 살아도 조금만 비우면 인생이 덜 피곤해질 것이라고, 다른 세상이 보일 것이라고 말이다.

　오늘을 재미있고 행복하게 사는 것이 인생 최대의 의무라고 말한다. 메가쇼킹과 2011년부터 함께한 쫄깃 패밀리들도 서울과 도시를 떠나 제주에 정착한 삶에 대한 무한 애정을 드러낸다. 제주 게스트하우스에서뿐만 아니라 도시에서도 그들의 제주도 정착기를 담은 책《더도 말고 덜도 말고 쫄깃》을 통해 '제일 중요한 건 내가 행복한 거예요. 뭘 하든 첫 번째 기준이죠'라는 메시지를 남겼다.

어디를 가든 정착하면 다시 일상이 된다

돈은 별로 못 벌어도 제주도에서 다양한 문화 사업을 벌이면서 재미있고 여유롭게 사는 이들이 한없이 부러울 수 있다. 메가쇼킹은 매일 게스트들이 먹을 아침 식사로 '메뚜기 스프'라고 불리는 스프를 끓인다. 아침만 준비하면 하루 종일 놀 수 있다. 게스트하우스의 원활한 운영을 위해 쫄깃 패밀리끼리 근무 요일과 시간을 정해 두고, 매년 일정 기간의 긴 휴가를 주는 등 서로 피곤하지 않게 재미있게 살 수 있는 방법을 찾아가며 살아간다. 쫄깃 패밀리들은 일주일에 4일만 일하고 3일은 논다는 규칙을 실천 중이다.

물론 도시를 떠난다고 모든 문제가 해결되는 것은 아니다. 도시를 떠나 제주 혹은 해외로 나간다 해도 그곳에서의 삶은 다시 당신을 생활자로 만들 것이다. 여행지는 일정 기간 머무는 것이기 때문에 어떤 의무나 책임 없이 행복하고 편안한 시간을 보낼 수 있다. 하지만 여행지가 생활지가 된다면 역시 의무가 따르기 마련이다. 제주에 내려간다면 조금은 여유롭게 시간을 쓸 수 있는 삶과 경쟁에 치이지 않아도 되는 평온과 눈만 뜨면 대자연이 주는 기쁨을 만끽할 수 있겠지만 도시가 주는 편리함과 편안함은 누릴 수 없게 된다.

제주 내에서 이동 시간이 한 시간 걸린다면 도시로 치면 꽤

길이 없을 땐 궤도를 이탈해도 괜찮아　　　　　　　　　　　　　　　　**Part 5**

먼 거리이다. 그럼에도 흔한 패스트푸드 햄버거 하나 먹기 위해 한 시간을 달려야만 하고, 식당이 멀거나 비싸기 때문에 대부분 집에서 밥을 해 먹어야 한다. 자연이 주는 위안과 더불어 자연 재해가 주는 위험 요인 등도 항상 염두에 두어야 한다.

이처럼 많은 불편을 감수하면서도 천천히 여유롭게 살 수 있는 제주도로 도시의 삶에 지친 많은 사람들이 이민하고 있다. 제주 이민이 언제나 최선의 해결책은 아니다. 하지만 얼마간의 휴식을 위해 다녀오는 것도 지친 삶에 활력을 줄 수 있다. 나도 일상에 지치면 제주에 내려가 며칠씩을 보내며 '내가 도시에 질리도록 데이면 여기 내려와서 그림 그리고 글 쓰면서 살아야지' 라는 마음의 도피처로 여긴다.

지리산, 제주, 거제도, 통영 등 도시를 떠나 자연과 더불어 살아간다면 불편과 지루함, 그리고 떠나온 자리에 대한 약간의 그리움은 있더라도 자신을 괴롭히는 상사, 무한 경쟁, 일로 인한 스트레스, 과로, 적금, 아파트 평수에 대한 고민, 나이에 맞춰 결혼하라는 주변 사람들의 듣기 싫은 조언 같은 것들은 피할 수 있을 것이다. 당신이 원하는 가치가 더 큰 방향으로 살아가면 된다.

누구나 같은 방식으로 살아갈 필요는 없다. 가고 싶은 사람만 그 방향으로 살아가면 된다. 책임감 같은 건 좀 잊으면 어떤가. 당신 하나쯤 그렇게 여유롭게 살아도 세상은 문제없이 돌아갈 것이다.

나는 죽을 때까지
재미있게 일하고 싶다

'지쳤다'는 감정은 문득 찾아온다. 길을 걷다, 아침에 일어나서, 사무실에 출근했는데 갑자기 세상 모든 것들에 유독 지치는 날이 있다. 지쳤다고 느끼는 순간 무력감도 밀물처럼 함께 밀려온다. 그동안 '의미 있다'고 느꼈던 모든 일들이 갑자기 무의미하고 가치 없게 여겨지기도 한다.

그런데 이런 지친다는 느낌은 사실 갑자기 어느 순간 나타나는 감정은 아닐 것이다. 이미 오래전부터 긍정과 행복을 요구하는 사회 분위기 속에서 많은 것들에 지쳐 있었지만, '이 정도면 행복한 거야. 배부른 투정이야'라며 의도적으로 무시하고 있었던 게 아닐까?

어느 날 찾아온 '평생 이렇게 살아야만 하는 것일까? 이대로 괜찮을까? 남들은 다 잘 사는 것 같은데 나 혼자만 뒤처지는 것은 아닐까?'라는 생각과 지친 감정은 쉽게 회복되지 않는다. 그 상황에서 어차피 다시 돌아올 거면서도 '아무도 없는 곳으로 도망쳐 버리고 싶다'는 생각에 이르게 될 수도 있다. 이런 하찮은 일을 하다 결국 하찮은 사람으로 영원히 살아가는 건 아닐지 불안해질 때도 있고 말이다.

언제쯤 행복한 인생을 살 수 있을까? 언제쯤 부자가 되고, 재미있게 일하며 살 수 있을까? 앞날이 캄캄하게 느껴지고 마음이 답답해지면, 슬며시 가슴속 깊이 품고 있었던 사표를 떠올리게 된다.

하지만 그 사표를 정말 낼 수 있을까? 네이버는 사표와 관련된 검색어의 검색 빈도가 월요일에 가장 높았다가 금요일로 갈수록 점점 줄어든다는 조사 결과를 발표했다. 월요일 검색 횟수를 100으로 하면, 금요일에는 60 정도로 감소한다고 한다. 잡코리아의 '충동적인 사표 제출 경험 유무' 설문조사 결과, 직장인 746명이 이 조사에 답했는데, 10명 중 6명이 '이직 등과 같은 특별한 목적 없이 충동적으로 사표를 제출한 경험이 있다'고 했다. 오만 가지 생각들과 함께 멋진 인생을 살고 싶어질 때면 제일 먼저 '현재 있는 자리를 벗어나 성장하기'를 떠올린다. 현대 사회에서 대부분 현재에 만족하기보다는 미래의 희망을 품고 하루를 견디며 살아가는 이들이 대부분이다.

독일 카를스루에 조형예술대학 한병철 교수가 《피로사회》를 통해 밝혔듯이 지금은 과거의 '~하면 안 된다'로 통제하던 규율 사회를 지나 '~노력하면 할 수 있다'는 성과 패러다임이 과잉되는 성과 사회이다. 신자유주의적 자본 사회에서 성과를 내기 위해 자율적으로 제한선 없는 모터를 가진 기계 인간처럼 쉼 없이 엔진을 돌리며 살아간다. '왜 열심히 사는지'와 '무엇을 위해 사는지'도 알지 못한 채 그저 열심히 살아간다. 남들처럼 아파트 한 채 소유하고 싶고, 멋있는 자동차와 내밀기 손부끄럽지 않은 타이틀이 적힌 명함 한 장을 위해 발버둥친다.

남들과 비교를 일삼으면서 '나는 왜 이렇게 살고 있지?'라는 상대적 빈곤감은 때로는 자괴감으로 이어지기도 한다. 이런 감정은 가끔 더 생산적인 인생을 살기 위한 촉매제로도 사용되지만, 대부분 자괴감은 이정표 없는 길로 무모하게 뛰어들게 만들기도 한다.

물론 이정표 없는 길로 무모하게 뛰어들어 새로운 길을 만들어 낼 수도 있다. 청춘들에게는 그런 인생을 한번쯤 권유하고 싶지만 경력자의 무모함은 그에 따른 희생이 너무 클 수 있다. 이미 각자의 분야에서 이루어 놓은 것이 조금이라도 있다든가, 전문성을 한창 쌓아 가고 있는 중이라면 앞뒤 가리지 않는 무모함이 결국엔 성과주의 사회에서 낙오자로 낙인찍히게 할 뿐이다.

　더 좋은, 행복한, 인간다운, 재미있는 인생을 살기 위해서는 현재 상황을 냉정하게 분석하고 새로운 일을 시작해야 한다. 사전 조사를 꼼꼼하게 한 후 자신이 하려는 일에 대한 확신이 들면, 그 순간부터는 앞뒤 가릴 것 없이 그것에 몰입해야 한다. 사회생활을 몇 년이라도 해 본 사람들이라면 모두 성공의 비밀은 아주 작은 차이라는 점을 알고 있을 것이다. 한 자리에서 버티어 내며 자신의 일을 즐기는 것도 또 다른 탁월한 선택이라는 사실을 말이다. 지금 당장 마음이 힘들 땐, 알기는 쉽지만 행하기 어려운 것이 문제이지만.

　인간이 가지고 있는 안타까운 습성 중의 하나는 자신이 가진 것에 대한 인정보다 가지지 못한 것에 대한 욕망이 크다는 점이다. 특히 디지털 시대와 지식정보화 사회에 접어들면서 대중매체와 SNS를 통해 타인의 삶을 관망할 기회가 많아진 우리들은 상대적으로 자신의 삶에 대해 만족감은 줄어들었다. 따라서 사람들은 성공한 인물에 대한 단편적인 정보만 습득하며 자신의 현재와 비교하면서 박탈감에 빠진다. 충분히 잘 살고 있고, 좋은 직장에 다니고 있음에도 상대적 빈곤감에 허덕이며 다른 직장으로의 막연한 전직을 꿈꾸고, 인생대박을 꿈꾼다.

　한 리크루팅 업체의 조사 결과에 따르면, 첫 직장에서 3년 이내 이직할 확률이 77퍼센트에 달한다고 한다. 그렇다면 3년

이내에 이직한 77퍼센트의 사람들은 동화 속 결말 '그들은 오래 도록 행복하게 살았습니다'처럼 마냥 행복하게 생활하고 있을 까? 혹은 이직한 곳에서도 별반 다르지 않은 모습에 숨 막혀 하 며 또 다른 곳으로의 이직을 꿈꾸며 살아가고 있을까?

미국 하버드 대학교 교수이자 정치·사회학자 로버트 데 이비드 퍼트넘Robert David Putnam은 "사람들은 38세까지 평균 10~14개의 일자리를 갖는다"라고 말했다. 사회 체제가 바뀌면 서 '한 직장에서 오래 근무하는 것이 미덕'이라는 인식은 '능력 에 따라 근무 환경이 좋은 곳으로 갈 수 있음'으로 변화하고 있 다. 대기업들은 경력직인 전직자가 전체 사원의 50퍼센트 정도 라고 한다.

나도 10여 년간의 사회생활 동안 10여 개가 넘는 전직 경력 을 가지고 있다. 10년 전에 살았다면 '저런 한심한 인간'이라며 손가락질당할 뻔했지만, 다행히도 경험을 바탕으로 진짜 살고 싶 은 인생을 살았다. 내가 추구했던 이상적인 직장의 조건이란 드 라마에 나오는 것처럼 깔끔한 개인 사무실에서 즐겁게 웃으며 일할 수 있는, 인간적인 동료들과 함께 새롭고 혁신적인 업무를 할 수 있으면서 연봉도 많이 받는 곳이었다. 직업도 화려한 타이 틀을 내세울 수 있는 것들로 디자이너, 파티기획사 대표, 파티플 래너, 뷰티 컨설턴트, 의류 매장 공동 운영, 광고대행사 마케팅, 지면 모델, 프랑스 대사관 인턴, 샤넬 마케팅 인턴, 와인 마케팅,

명품관 직원, 전시기획자, 학원 강사 등이었다. 진짜 내가 원하는 일은 무엇인지도 모르고 맹목적으로 이직을 감행했었다.

하지만 나는 지금 하고 있는 글쓰기를 가장 오래 해 왔고, 앞으로도 해나갈 것이다. 일을 하면서도, 공부를 하면서도 글을 썼고 책을 읽었다. 지금까지 18년간 글을 써 온 나도 한때는 여러 직업을 전전하면서 '나 같은 평범한 사람은 작가가 될 수 없겠지'란 소심한 마음에 작가가 될 생각을 하지 못했던 적이 있다. 하지만 이 책에서 당신에게 던진 질문을 나에게도 던졌다. 그리고 내린 결론대로 실행하여 지금 나는 내가 꿈꾸어 왔던 인생을 살고 있다.

이 일이 내 인생에서 가장 가치 있고 가장 재미있다. 때론 이 일로 힘들기도 하지만 결론적으로 나는 그 어느 때보다 지금이 가장 행복하다. 나는 묘비명에 '윤정은 작가, 글쓰기를 즐기며 자유롭게 살면서 사랑하는 사람과 행복하게 살다 간 사람'이라고 쓰고 싶다.

당신도 나처럼 일 때문에 행복한 인생을 살았으면 좋겠다. 나는 늘 당신을 응원한다. 그리고 당신의 선택은 늘 옳기를 바란다. 출근하기 싫다고 해도 오늘 당장 출근을 안 할 수는 없음을 알고, 당장 때려치울 만큼 무모하지 않은 당신, 오늘도 힘내라!

초판 1쇄 발행 2014년 3월 28일
개정판 1쇄 발행 2018년 6월 15일

지은이 윤정은
펴낸이 이범상
펴낸곳 (주)비전비엔피 · 비전코리아

기획 편집 이경원 심은정 유지현 김승희 조은아 김다혜 배윤주
디자인 김은주 조은아 임지선
마케팅 한상철 금슬기
전자책 김성화 김희정 김재희
관리 이성호 이다정

주소 우)04034 서울시 마포구 잔다리로7길 12 (서교동)
전화 02)338-2411 | **팩스** 02)338-2413
홈페이지 www.visionbp.co.kr
인스타그램 www.instagram.com/visioncorea
포스트 post.naver.com/visioncorea
이메일 visioncorea@naver.com
원고투고 editor@visionbp.co.kr

등록번호 제313-2005-224호

ISBN 978-89-6322-133-5 13320

이 도서의 국립중앙도서관 출판예정도서목록(CIP)은 서지정보유통지원시스템 홈페이지(http://seoji.nl.go.kr)와
국가자료공동목록시스템(http://www.nl.go.kr/kolisnet)에서 이용하실 수 있습니다.(CIP제어번호: CIP2018016386)